AF238590

KiJu – Psychologie und Psychotherapie
im Kindes- und Jugendalter
Band 19

Die Buchreihe

KiJu

wird herausgegeben von

Prof. Dr. Michael Borg-Laufs, Mönchengladbach
Prof. Dr. Hans-Peter Michels, Cottbus

Tübingen

Allyn Vonau & Karina Kreller

Eltern-Kind-Spiel-Training (EKST)

Ein Beziehung stiftendes Trainingsprogramm mit indirektem Fokus auf Problemsituationen zwischen Eltern und Kind (7–13 Jahren)

Mit 13 Tabellen, 12 Abbildungen sowie 23 Arbeitsblättern und 9 Vorlagen

Mit Online-Materialien

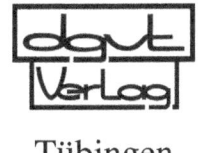

Tübingen
2015

Korrespondenzadresse:

Dr. phil. Allyn Vonau
Nonnenstr. 11c
04229 Leipzig
E-Mail: allynvonau@web.de

Dipl.-Psych. Karina Kreller
E-Mail: jkkreller@googlemail.com

Bibliografische Information der Deutschen Nationalbibliothek
Die Deutsche Nationalbibliothek verzeichnet diese Publikation in der
Deutschen Nationalbibliografie; detaillierte bibliografische Daten sind
im Internet über http://dnb.d-nb.de abrufbar.

© 2015 dgvt-Verlag
Im Sudhaus
Hechinger Str. 203
72072 Tübingen

E-Mail: dgvt-Verlag@dgvt.de
Internet: www.dgvt-Verlag.de

Umschlagbild: © Nadezhda1906 – shutterstock.com
Umschlaggestaltung: Winkler_Design, Wolfgang Winkler, Tübingen
Layout: VMR Monika Rohde, Leipzig
Druck und Bindung: CPI books GmbH, Leck

ISBN 978-3-87159-919-4

Inhaltsverzeichnis

Teil II Arbeitsblätter zum Training

Vorbereitung zum Training

Spielinhalte

Anhang

Evaluation

Tabellen

Abbildungen

Abkürzungen

ALS	Aussagen-Listen zum Selbstwertgefühl
CBCL 4–18	Child Behavior Checklist 4–18 Jahre
EKST	Eltern-Kind-Spiel-Training
ESI	Erziehungsstilinventar
ICD-10	Internationale Klassifikation psychischer Störungen
KES	Kompetenztraining für Eltern sozial auffälliger Kinder
KJHG	Kinder- und Jugendhilfegesetz
MTM	Münchner Trainingsmodell
PCIT	Parent-Child Interaction Therapy
VHT	Video-Home-Training
VIT	Video-Interaktionstraining

Vorwort

Das vorliegende Manual leitet Elternarbeit als erlebnisvolle Eltern-Kind-Interaktion an. Mit der Integration des Mediums Spiel in psychotherapeutischen und sozialpädagogischen Entwicklungskontexten wird ein Unterstützungsangebot für Therapeuten und Berater vorgestellt. Das Manual ist zum Einsatz in der Kinder- und Jugendlichenpsychotherapie, in der Beratungsarbeit von Kindern und Familien sowie in der Jugendhilfe, insbesondere der Tagesgruppenarbeit, gedacht.

Es ist für Eltern mit Kindern ab 7 bis ungefähr 13 Jahren konzipiert.

Die Grundlage zu diesem Manual liefern die Dissertation von Allyn Vonau (2005) und die Diplomarbeit von Karina Kreller (2012). Die bei Vonau durchgeführte und evaluierte Explorationsstudie zum Eltern-Kind-Spiel-Training (EKST) ist durch den indirekten, nicht problemorientierten Ansatz innovativ und beziehungsfördernd.

Es existiert eine Vielzahl von Programmen zur Verbesserung der Kommunikation und Interaktion zwischen Eltern und Kind. Der Unterschied zu den vorhandenen Konzepten und Programmen zeigt sich in der einfachen Durchführung bei gleichzeitig guter Effizienz dieses Eltern-Kind-Spiel-Trainings. Hier werden mit Hilfe von bekannten Spielen oder mit speziell entwickelten Materialien und im Risikomilieu, dem Wohnumfeld der betroffenen Zielgruppen, spielerische Erlebnisse zwischen Eltern und Kind geschaffen, ohne primär die Kommunikations- und Interaktionsprobleme in den Fokus zu stellen. Die Verbesserung dieser geschieht quasi von selbst – im Spiel.

Dieses Manual gibt Therapeuten, Pädagogen und anderen Fachkräften, die in der Beratung und Psychotherapie mit den Problemen zwischen Bezugspersonen, Eltern und Kindern arbeiten, ein wirkungsvolles Instrument an die Hand.

Das EKST ist ein auf theoretischen Grundlagen aufgebautes und leicht durchzuführendes Programm für alle Fachkräfte auf diesem Gebiet. Es integriert systemische, verhaltenstherapeutische und gesprächstherapeutische Elemente und eignet sich sowohl als eigenständige wie auch als begleitende Methode zur Behandlung von Verhaltensstörungen bei Kindern und Jugendlichen.

Einleitung

Das Eltern-Kind-Spiel-Training (EKST) ist eine therapeutische Behandlungsform bei gestörten Eltern-Kind-Interaktionen. Es wurde ursprünglich für die Elternarbeit in Tagesgruppen im Rahmen der Hilfen zur Erziehung gemäß §§ 27ff. SGB VIII entwickelt (Vonau, 2005). Es ist jedoch ein Programm, das prinzipiell in allen sozialpädagogischen, heilpädagogischen und psychotherapeutischen Kontexten anwendbar ist. Durch den Einsatz von Spielmaterialien und spezifischen Spielanleitungen ist es ein leicht durchführbares Training. Das EKST ist für Kinder und Jugendliche im Alter von 7 bis ca. 13 Jahren und deren Eltern konzipiert.

Es stellt eine Interventionsform dar, die sich an einer Verbesserung der Eltern-Kind-Beziehung als übergreifendes Anliegen orientiert. Das EKST arbeitet aus einer erlebnis- und ressourcenorientierten Perspektive heraus. Es wird davon ausgegangen, dass sich durch das gemeinsame Spiel positive Veränderungen im kindlichen und elterlichen Erleben und Verhalten ergeben und sich darüber alltägliche Problem- und Konfliktsituationen reduzieren. Spielerische Übungsreihen, angepasst an die individuellen Bedürfnisse und Voraussetzungen der Familie, streben eine förderliche Kommunikation und Interaktion an. Erzieherische Grundfertigkeiten in der Wahrnehmung, im empathischen Erleben und verständnisvollen Verhalten werden gefördert. Es entwickelt sich ein verbessertes Verständnis für die Welt des Kindes, wodurch auch die emotionale Nähe zum Kind positiv beeinflusst werden kann. Die Entwicklung eines feinfühligeren Gespürs füreinander soll angeregt werden.

Die Besonderheit des EKST ist, dass Eltern und Kind aktive Beteiligte in diesem Prozess sind. Der Trainer gibt lediglich ein Spielarrangement vor und wirkt mitunter als Modell. Zudem lässt das EKST individuell Raum für die Integration notwendiger zusätzlicher therapeutischer Materialien und Arbeitsformen. Das für einen begrenzten und festgelegten Zeitrahmen entwickelte Training sollte im Haushalt der Familien durchgeführt werden, um dadurch den Transfer in den Lebensalltag der Teilnehmer zu erleichtern.

Dieses Buch beschreibt im ersten Teil einführende theoretische Grundlagen zur Elternarbeit und zu der Besonderheit des Spiels in der Pädagogik und Therapie. Daran anschließend werden konzeptionelle Grundgedanken, Hinweise zur Durchführung und Wirksamkeit ausführlich dargestellt. Der zweite Teil des Buches beinhaltet anwendungsbezogene Arbeitsblätter mit Vorlagen.

Als Autoren haben wir uns zugunsten einer besseren Lesbarkeit für die männliche Anredeform entschieden, beziehen uns jedoch selbstverständlich auf beide Geschlechter.

Teil I

Theoretische Grundlagen

1 Elterntrainings in der pädagogisch-therapeutischen Praxis

Die Arbeit mit Eltern und Kindern basiert auf Erkenntnissen aus der psychologischen Forschung zur Interaktion und Kommunikation zwischen Bezugspersonen und ihren Kindern. Daraus lassen sich Schlussfolgerungen ziehen, welche Verhaltensweisen der Eltern entwicklungsfördernd oder -beeinträchtigend im Umgang mit dem Kind wirken können. Eine Form der Hilfe bei Störungen in der Eltern-Kind-Beziehung, bei Erziehungsschwierigkeiten und bei Verhaltensauffälligkeiten des Kindes stellen Elterntrainingsprogramme dar, die therapeutisch-kurativ oder psycho-pädagogisch ausgerichtet sein können. In den folgenden Ausführungen steht die Eltern-Kind-Beziehung unter dem Blickwinkel des Elterntrainings im Zentrum der Betrachtung.

1.1 Die Beziehung zwischen Eltern und Kind

In der pädagogischen und psychologischen Arbeit mit Familien stellt die Beziehung zwischen Eltern und Kind einen zentralen Schwerpunkt dar. Psychologische Ursachenforschung und pädagogisch-therapeutische Handlungsforschung tragen dazu bei, Interaktionen zwischen Eltern und Kindern zu beobachten, zu beschreiben und zu interpretieren. Aus den Ergebnissen werden Schlussfolgerungen gezogen, um Familien mit Kindern in der Bewältigung des alltäglichen Zusammenlebens adäquat unterstützen zu können.

Psychodynamisch werden die Ursachen für seelische Gesundheit oder Entwicklung von psychischen Störungen bei Kindern eng mit der frühen Mutter-Kind-Beziehung in Verbindung gebracht. Analytische und tiefenpsychologische Theorien basieren auf konflikthaften Verknüpfungen, die sich aus frühen Störungen in der Beziehung des Kindes zu seinen primären Bezugspersonen ergeben, wenn grundlegende Bedürfnis- und Triebregungen des Kindes nicht phasengerecht befriedigt werden. Diese Versagungen und Mangelerfahrungen durch überforderte, unzuverlässige, unempathische Eltern können zur Entwicklung intra- und interpersoneller Störungen beitragen. Auch Verwöhnung und Überbehütung seitens der Eltern können die natürliche Autonomieentwicklung des Kindes behindern und dadurch wesentliche Entwicklungsschritte beeinträchtigen. Engagiertes, aber widersprüchliches Zuwendungsverhalten (Doublebind), Parentifizierung, traumatische Erfahrungen wie Gewalt- und Missbrauch können dazu führen, dass das Kind seelische Beeinträchtigungen erfährt (Boessmann, 2000, S. 10). In der psychotherapeutisch-analytischen Behandlung von Kindern nimmt die Arbeit mit den Bezugspersonen „unter Beachtung der Verknüpfung von kindlichen und elterlichen Konflikten" (Petersen, 1999, S. 343) einen bedeutenden Stellenwert ein. In der begleitenden Elternarbeit sehen die Autorinnen die ureigenste Aufgabe in der Stärkung der Haltefähigkeit von Eltern (Petersen, 1999, S. 352).

Es ist unbestritten, dass gelingende familiäre Kommunikations- und Interaktionsmuster eine wesentliche Bedeutung für eine gesunde Persönlichkeitsentwicklung des Kindes haben, da Schwierigkeiten in der Interaktion zwischen Kind und Eltern häufig Verhaltensauffälligkeiten des Kindes bedingen. Unter dem Blickpunkt der Wirkfaktoren in der therapeutischen Arbeit mit Eltern beschreiben Ahlheim und Eickmann (1999, S. 387f.) Interventionen, die darauf ausgerichtet sind, schon in den frühen Mutter-Kind-Dialogen unterstützend einzuwirken, um Fehlentwicklungen zu verhindern. In diesem Sinne fungiert der Therapeut in der Funktion eines Übersetzers. Momente positiven Kontaktes zwischen Mutter und Kind werden von dem Therapeuten in Worte übersetzt. Mit Hilfe dieser Eltern-Kind-Therapie kann sich den traumatischen Kindheitserfahrungen der Mütter angenähert werden, um eine veränderte Einstellung zur Elternrolle zu ermöglichen.

Forschungen zur Entwicklung des Bindungsverhaltens geben darüber Auskunft, welche Bedeutung die Eltern-Kind-Interaktion auf die Entwicklung der Bindung hat (Brisch, 1999). In der Untersuchung des Pflegeverhaltens von Müttern gegenüber ihren Säuglingen entwickelte Ainsworth (Brisch, 1999, S. 40; Ainsworth,1977, S. 98ff.) das Konzept der Feinfühligkeit. Feinfühliges Verhalten der Bezugspersonen zeichnet sich besonders durch die spezifische Aufmerksamkeit und Wahrnehmung sowie adäquate Reaktion der Bezugsperson auf die Signale und Bedürfnisäußerungen des Säuglings aus. Die Feinfühligkeit der Mutter gegenüber ihrem Kind beinhaltet vier unerlässliche Bestandteile: Sie muss die Signale bemerken; sie muss die Signale richtig interpretieren; sie muss sich auf die Signale hin angemessen verhalten und sie muss auf die Signale prompt reagieren (ebd.).

Diese Erkenntnisse können auch auf eine gelingende Interaktion zwischen Eltern und älteren Kindern übertragen werden. Eine angemessene Reaktion der Eltern auf das Verhalten des Kindes bedarf spezifischer Wahrnehmungsfähigkeiten sowie eines verfügbaren Repertoires an entwicklungsförderlichen Handlungsstrategien.

Nach Peteranders (1992, S. 19) Analyse von Eltern-Kind-Interaktionen ergeben sich folgende primäre Faktoren eines „entwicklungsförderlichen Elternverhaltens. Diese sind:

I.   Kindorientiert
II. Fröhlichkeit/Gemeinsamkeit
III. Klarheit
IV. Übernahme der Kindperspektive
V.   Entwicklungsangemessen/Geduldig
VI. Gefühle erkennen" (ebd.)

Diese Gesichtspunkte in der Eltern-Kind-Interaktion können im Hinblick auf die Wirksamkeit eines Elterntrainings und zur Stabilisierung der Beziehung als bedeutsam erachtet werden.

1.2 Definition von Elterntrainings

Die Autorinnen dieses Buches verstehen unter einem Elterntraining eine Methode in der Elternarbeit, die professionell in der pädagogisch-therapeutischen Arbeit mit Familien eingesetzt werden kann. Ein Elterntraining strebt eine Förderung und Verbesserung der Eltern-Kind-Beziehung an. Die familiären Kommunikations- und Interaktionsmuster, insbesondere die Sensibilität der Eltern für ihr Kind, werden darüber positiv zu beeinflussen versucht. Eine Arbeit mit Eltern unter Einsatz eines Elterntrainings beinhaltet die Kriterien von Wissensvermittlung und Kompetenzerweiterung. Die Eltern erlangen anhand aktiver Beteiligung durch Übung und Schulung ein erweitertes Bewusstsein zu sich selbst und zum Kind. Ein Elterntraining beabsichtigt eine Bezugnahme zum und Auseinandersetzung mit dem eigenen Erziehungsverhalten. Mitunter enthält es wesentliche Selbsterfahrungselemente für die Eltern. Der Anspruch besteht darin, den Eltern mit einer zeitlich und inhaltlich begrenzten Arbeitsform Unterstützung und Sicherheit bei der Erfüllung ihrer verantwortungsvollen Erziehungsaufgabe zu geben.

Mit einem Training wird allgemein ein „planmäßiges Üben zur Steigerung physischer und psychischer Funktionen" (Volpert, 1971, S. 69) bezeichnet. Diesen Übungslehrgängen oder Übungsprozessen liegt ein Handlungsplan zugrunde, „dessen Ziel es ist, möglichst schnell und ökonomisch optimales Verhalten des Lernenden zu bewirken" (ebd.).

1.3 Anliegen von Elterntrainings

Briesmeister und Schaefer führen in ihrem *Handbook of Parent Training* (1998, S. 1) aus, dass die Anfänge von Eltern-Verhaltenstrainings in den 1960er-Jahren zu finden sind. Schon bevor sich Elterntrainings fest etabliert hatten, versprühte dieser innovative Zugang Neugier, Enthusiasmus und Optimismus im Umgang bei Problemen mit Kindern. Mit dem Elterntraining stand nicht mehr allein die Veränderung des Kindes, sondern verstärkt die Familie als Ganzes im Mittelpunkt. Ein Elterntraining stellt für Eltern die Möglichkeit dar, Ressourcen auszuschöpfen und Fähigkeiten zu entwickeln, um ihre anspruchsvolle Aufgabe von Elternschaft adäquat bewältigen zu können.

Ansatzpunkte für Elterntrainings sind zumeist dysfunktionale elterliche Verhaltensweisen, die aufgrund von Unwissenheit, mangelnden eigenen biographischen Erfahrungen von positiver Zuwendung oder schwierigen äußeren Lebensbedingungen dazu führen, dass die Eltern-Kind-Interaktion gestört ist. Diese Mangelerfahrung kann beim Kind zu Entwicklungsbeeinträchtigungen und zu Auffälligkeiten im emotionalen und im Verhaltensbereich führen. Ein Elterntraining richtet sich darauf aus, angemessene elterliche Verhaltensweisen zu fördern und kindliche Auffälligkeiten zu reduzieren. Es geht vor allem um die Steigerung protektiver Faktoren für die Entwicklung des Kindes. Studien zu Schutz- und Risikofaktoren für psychische Störungen weisen darauf hin, dass „die Qualität der kindlichen Objektbeziehungen zu den primären Bezugspersonen" (Häfner, Franz, Lieberz & Schepank, 2001, S. 403) und „das soziale Netzwerk sowie die erweiterten Verwandtschaftsbeziehungen für die zukünftige Gesundheit" (ebd.) wesentliche Einflussgrößen in der Entwicklung des Kindes sind. Davon beeinflusst werden auch zukünftige Beziehungen im Erwachsenenalter.

Nach Kreuzer (1999, S. 376) liegt der allgemeine Sinn und Zweck von Elterntrainings darin, das Verhalten der Eltern gegenüber ihren Kindern zu verändern. Damit werden bestimmte Absichten und Wirkungen bei den Kindern zu erreichen versucht.

> Die Ansätze fachlicher Elternarbeit (z. B. Elternbildung, Elterntraining, Erziehungsberatung) lassen sich danach unterscheiden, in welchem Ausmaß sie selbst direktiv-lenkend in das Erziehungsverhalten der Eltern eingreifen wollen. Aktuell besteht weitgehend der Konsens darin, nicht nach der ‚richtigen Erziehung' zu fragen, sondern dazu beizutragen, Wünsche und Ziele der Eltern, ihre persönlichen Möglichkeiten (der Zuwendung, der Kontrolle und der Anregung) und das Wissen über die Wirkung ihres Verhaltens gemeinsam zu reflektieren und dann möglichst in Einklang zu bringen. (Kreuzer, 1999, S. 379)

Generelles Ziel von Elterntrainings sollte sein, möglichst frühzeitig Hilfen für Familien anzubieten, die eine Entwicklung von Verhaltensstörungen der Kinder vorbeugen bzw. verhindern.

1.4   Formen von Elterntrainings

Der Analyse verschiedener Elterntrainingsprogramme entsprechend teilt Schubert (1999, S. 28ff.) diese in zwei Hauptkategorien ein. Er differenziert in therapeutisch-kurative Programme sowie in präventiv und psycho-pädagogisch orientierte Trainingsprogramme.

Die therapeutisch-kurativen Programme zielen auf bereits bestehende und konkret beklagte Verhaltensprobleme beim Kind ab. Die kurativen Programme finden ihre Ausrichtung in zwei Orientierungen. Es sind Trainingsprogramme, welche sich ausschließlich auf das Problemverhalten des Kindes konzentrieren. Relevante Bezugspersonen werden in das Training nicht einbezogen. In der pädagogisch-therapeutischen Praxis finden sich vorwiegend verhaltenstherapeutisch orientierte Trainingsprogramme wie beispielsweise Trainingsprogramme zur Behandlung von aggressivem und sozial unsicherem Verhalten von Kindern (Petermann & Petermann, 1998; Petermann & Petermann, 2003; Borg-Laufs, 1996).

Neben diesen kindzentrierten Trainings zum Abbau des Problemverhaltens beim Kind stellen andere Programme die spezifische Eltern-Kind-Interaktion in den Mittelpunkt der Behandlung. Diese Elterntrainings werden durch professionelles Fachpersonal angeleitet und begleitet. Eltern sollen versuchen, problemverursachende Interaktionen zu vermindern. Um dem Kind förderliche Bedingungen für seine Entwicklung zu schaffen, sollen Eltern angemessene Erziehungskompetenzen erlernen. Die Verhaltensänderung der Eltern führt dazu, dass das Kind seine Auffälligkeiten nicht mehr zeigt. Auch hier sind überwiegend Trainingsprogramme vertreten, die auf den Prinzipien der Verhaltenstherapie basieren (Schubert, 1999, S. 29).

Die zweite Kategorie der Eltern- und Familientrainings umfasst präventiv und psycho-pädagogisch orientierte Trainingsprogramme. Diese Programme dienen vor allem der Vorbeugung von Verhaltensauffälligkeiten von Kindern. Durch frühzeitige Information und Anleitung soll bei den Eltern positives und kompetentes Erziehungsverhalten gefördert werden. Eine Entwicklung kindlicher Problemverhaltensweisen wird darin schon im Vorfeld zu verhindern versucht bzw. möglichst frühzeitig und vorbeugend abgebaut. „Im Wesentlichen geht es darum, Entwicklungsrückstände bzw. Fehlentwicklungen vorzubeugen und Vernachlässigung und Kindesmisshandlung zu verhindern" (Schubert, 1999, S. 29). Diese Interventionen sind alltagsnah und mit medizinischen und pädagogischen Vorsorgemaßnahmen kombiniert.

Die von Schubert (1999, S. 28ff.) beschriebene Einteilung der Eltern- und Familientrainings wird in der Abbildung 1 im Überblick zusammengefasst.

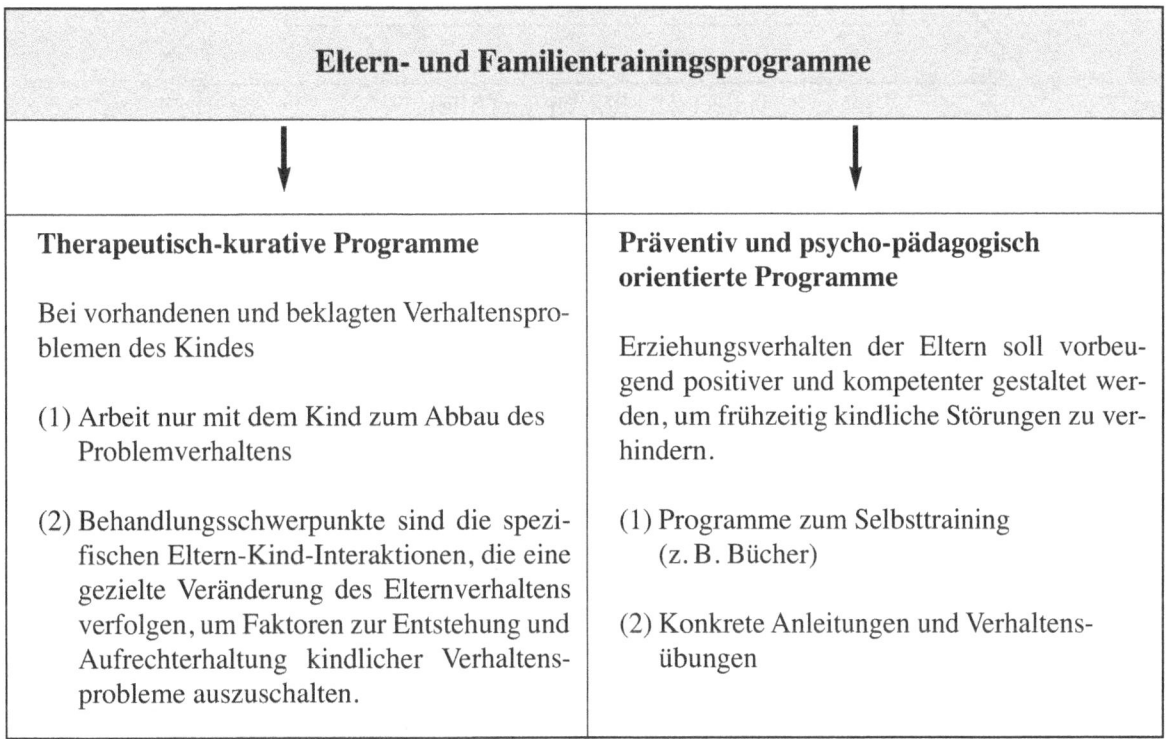

Abbildung 1: *Einteilung von Eltern- und Familientrainings nach Schubert (1999)*

Bei Döpfner (2006) findet sich folgende Einteilung (Abbildung 2):

◇ Primärintervention – zur Verhinderung des Auftretens psychischer Störungen (Verminderung von Risikofaktoren und Stärkung protektiver Faktoren) durch universelle präventive Angebote
◇ Sekundärintervention – zur Reduktion der Dauer von Störungen durch selektive Prävention bei Risikogruppen
◇ Tertiärintervention – eine indizierte Prävention bei Auffälligkeiten zur Minimierung der Beeinträchtigungen, die durch Störungen hervorgerufen werden (ebd.).

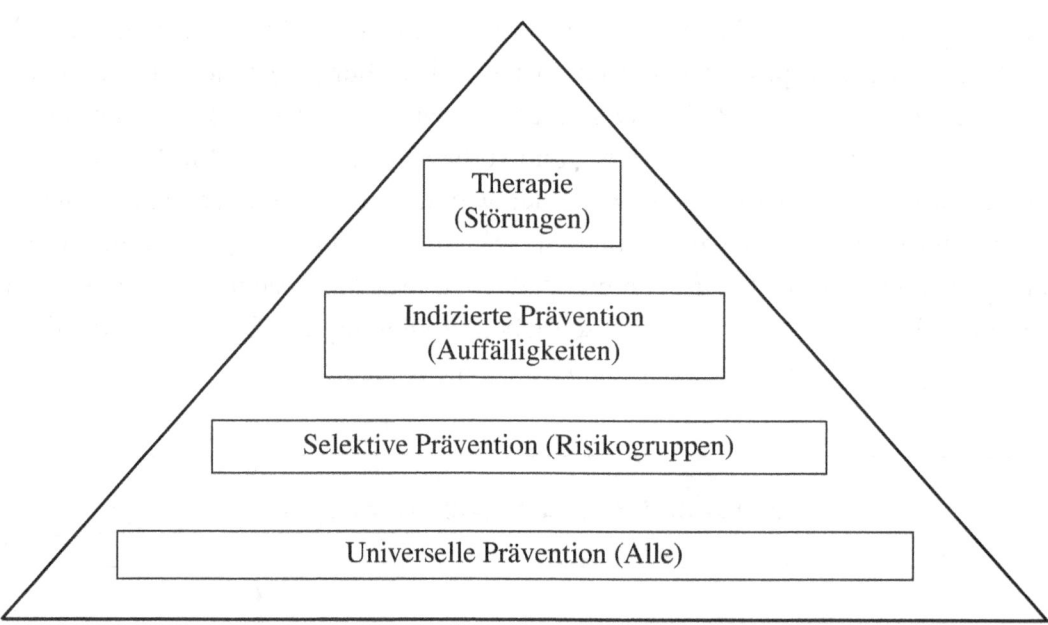

Abbildung 2: *Formen der Intervention und Therapie nach Döpfner (2006)*

Nicht zu vergessen sind Förderprogramme für Eltern, die im schulischen Kontext angesiedelt sind. Die Untersuchung zur Elterngruppenarbeit im Sonderpädagogischen Förderzentrum von Kunstmann-Reebs (1998) zielte darauf ab, Eltern in ihrem Erziehungsverhalten unter Ausnutzung der Potentiale einer Gruppe in der Schuleingangsphase ihres Kindes zu unterstützen. Das Elternseminar zum Aufbau erzieherischer Kompetenzen wurde themengeleitet an sieben Abenden durchgeführt. Darüber konnten Ressourcen bei Eltern und Kinder aufgedeckt werden, die förderlich für die Bewältigung dieser Lebenssituation waren.

Positive Effekte zur Elterngruppenarbeit in der Schule zeigen die Ergebnisse einer Langzeitstudie von Bach und Gloger-Flender (1994). Ziel war es, Eltern aus der sozial benachteiligten Grundschicht in schulische Belange zu integrieren und somit ihr Interesse für Fragen der Kindererziehung zu wecken. Die Bildungsmaßnahme setzte an den Bedürfnissen der spezifischen Lebenswirklichkeiten der Familien an. Die Herangehensweise erwies sich als erfolgversprechend. Die beteiligten Eltern konnten darüber Lösungsstrategien zur Bewältigung beziehungsweise zur Stabilisierung der eigenen familiären Situation entwickeln. Eine bessere Zusammenarbeit mit der Schule zeigte sich. Die Lernprozesse der Eltern hatten zugleich eine förderliche Wirkung auf die Schulleistungen und die Schullaufbahn der Kinder (Bach & Gloger-Flender, 1994, S. 359ff.).

Mit ihrem Elterntraining zur Entwicklung eines motivationsförderlichen Erziehungsverhaltens in Leistungskontexten zeigen Lund, Rheinberg und Gladasch (2001) auf, dass Eltern innerhalb von sechs Trainingssitzungen effektiv geschult werden können. Eltern sollten lernen, ihrem Kind motivational günstige Bedingungen zum Lernen zu vermitteln. Im Einzelnen umfasste dies die kindliche Stärkung hinsichtlich realistischer Zielsetzung, günstiger Kausal-attributionen und der Selbstbewertung nach einer individuellen Bezugsnorm. Die Furcht vor Misserfolg hat sich bei den Kindern der trainierten Eltern verringert. Die Selbsteinschätzung dieser Kinder bezüglich ihrer Leistungen war nach dem Training der Eltern realistischer.

2   Übersicht ausgewählter Elterntrainings

Es wird eine Auswahl aus den zahlreichen etablierten Eltern-Kind-Therapieprogrammen getroffen. Im ersten Teil werden vier der in der Dissertation von Vonau (2005) beschriebenen Programme in verdichteter Form dargestellt. Im zweiten Teil werden in ähnlicher Weise neuere Therapieprogramme ab 2004 vorgestellt und in einer Übersicht zusammengefasst.

Die in diesem Kapitel behandelten Elterntrainingsprogramme sind:

✧ Triple P® (Positive Parenting Program) von Sanders (1999)
✧ Video-Home-Training (VHT®) von Schepers und König (2000)
✧ Videogestütztes Trainingsprogramm für Risikofamilien (VIT) von Cordes (2000)
✧ Münchner Trainingsmodell (MTM) von Innerhofer (1977)
✧ Eltern-AG von Armbruster (2006) und
✧ Kompetenztraining für Eltern sozial auffälliger Kinder (KES) von Lauth und Heubeck (2006).

2.1   Positive Parenting Program (Triple P®)

Das Triple P® wurde in circa 30-jähriger Forschungs- und Entwicklungsarbeit von Prof. Dr. Matthew Sanders und seinem Team an der University of Queensland/Family Support Centre fortlaufend evaluiert. Die gesunde Entwicklung von Kindern und Jugendlichen soll gefördert werden und zur Reduktion von Prävalenz und Inzidenz emotionaler Probleme sowie Verhaltensprobleme bei Kindern und Jugendlichen beitragen. Kinder, die viel Zuwendung und eine positive Erziehung erhalten, können ein positives Selbstbild aufbauen, ihre Fähigkeiten besser entwickeln, selbstständiger werden und mit Gefühlen angemessen umgehen.

Triple P® verfolgt dabei durchgängig das Prinzip der Suffizienz (Prinzip der minimalen Intervention), d. h. Eltern sollen genau so viel Unterstützung erhalten, wie sie benötigen. Die Selbstregulation elterlicher Kompetenzen ist ein zentrales Konzept des Ansatzes.

Die Anregungen und Fertigkeiten des Programms werden verhaltensorientiert umgesetzt und in den Alltag integriert. In enger Zusammenarbeit mit Familien sind praxisnahe Erziehungshilfen entstanden, die eine liebevolle Eltern-Kind-Beziehung stärken, die gesunde kindliche Entwicklung unterstützen und den Umgang mit häufigen schwierigen Situationen (wie z. B. Ängsten, Problemen beim Zubettgehen, Wutanfällen oder Schwierigkeiten mit Hausaufgaben) erleichtern. Die Übersetzung und Adaption des Triple P® ins Deutsche wurde 2001 von Prof. Dr. Kurt Hahlweg und seinem Team an der TU Braunschweig durchgeführt.

Das Triple P® ist ein universelles Erziehungsprogramm. Es wurde ursprünglich für Eltern von Kindern bis zum 12. Lebensjahr konzipiert. Aktuell existiert eine Erweiterung für Familien mit älteren Kindern bis zum 16. Lebensjahr. In diesem verhaltenstherapeutisch orientierten präventiven Programm werden Eltern auf fünf Interventionsebenen praktische Hilfen positiven Erziehungsverhaltens und gezielte Interventionsformen bei kindlichen Verhaltensauf-fälligkeiten vermittelt. Diese Stufen können ebenso separat voneinander genutzt werden.

Je nach anzuwendender Ebene lässt sich das Programm sowohl als präventiv und psycho-pädagogisch-orientiertes Programm wie auch als therapeutisch-kurativ anwendbares Pro-gramm (Schubert, 1999) einordnen. Nach der Einteilung von Döpfner (2006) werden mit die-sem psychologischen Therapieprogramm verschiedene Formen der Prävention abgedeckt – universell (Ebene 1), selektiv (Ebene 2 und 3) und indiziert (Ebene 4 und 5).

Basierend auf dem aktuellen klinisch-psychologischen Forschungsstand und wirksamen erziehungswissenschaftlich-pädagogischen Erfahrungen, insbesondere des operanten Kondi-tionierens und der sozial-kognitiven Lerntheorie, werden grundlegende elterliche Einsichten und Erziehungsfertigkeiten für die Bewältigung des Erziehungsalltages vermittelt und gefes-tigt. Ziel ist es, positive Eltern-Kind-Interaktionen durch praktische Handlungsanweisungen zu fördern.

Das Triple P® möchte Eltern präventiv Wissen und Fertigkeiten zum Aufbau und zur Festi-gung einer vertrauensvollen Eltern-Kind-Beziehung vermitteln, um kindliche Verhaltensauf-fälligkeiten, wie Entwicklungsprobleme und emotionale Störungen, zu verhindern.

Eine Steigerung der elterlichen Erziehungskompetenz ist das Hauptanliegen des Trainings. Alltagspraktische Informationen dienen dazu, die Eltern in ihrer Rolle und Funktion zu unter-stützen. Es soll ihnen dazu verholfen werden, die Entwicklung und das spezifische Verhalten ihres Kindes besser zu verstehen. Anregungen zum Verständnis und zur Förderung der emo-tionalen und sozialen Entwicklung des Kindes werden gegeben. Die Verbesserung von kom-munikativen Fähigkeiten und die Information über Erziehungsmittel stehen im Mittelpunkt des Erziehungsprogramms (Manual zum Triple P®, 2001, S. 12).

Das Triple P® fungiert im Sinne des Mediatorenprinzips. Durch die Förderung der elterli-chen Erziehungskompetenzen soll bewirkt werden, dass die Kinder über die Eltern kommuni-kative und soziale Kompetenzen erwerben. Die Kinder sollen mit ihren Gefühlen umgehen lernen und sich angemessene Problembewältigungsmuster aneignen. Die Tabelle 1 stellt exemplarisch die Erziehungsstrategien dar, die den Eltern im Triple P® vermittelt werden. Die Erziehungsstrategien des Triple P® basieren auf lerntheoretischen Grundlagen. Eltern werden angeregt, sich ihrem Kind durch Zeit, über Gespräche und liebevolle Zuneigung zu widmen. Angemessene Verhaltensweisen des Kindes sollen durch beschreibendes Lob und Aufmerk-samkeit der Eltern gefördert werden. Anregende und spannende Beschäftigungen können dem Kind helfen, sich selbstständig und angemessen zu verhalten. Die Entwicklung neuer Fertig-keiten und Verhaltensweisen beim Kind wird durch das Lernen am Modell der Eltern geför-dert. Die Kinder werden auch durch beiläufiges Lernen, Unterstützung durch aktive Beglei-tung und durch äußere Verstärkung mittels Tokenprogrammen zum Lernen angeregt.

Tabelle 1: *Erziehungsstrategien des Positiven Erziehungsprogramms*
(Manual zum Triple P® – Gruppenprogramm, 2001, Kap. 1, S. 20)

Erziehungsstrategie	Beschreibung	Alter	Anwendung
Entwicklung positiver Beziehungen zu Kindern			
Wertvolle Zeit	Regelmäßig kurze Zeitspannen (1–2 min) mit dem Kind verbringen	Jedes	✧ Kindliche Exploration ermöglichen ✧ Übung von Kommunikationsfertigkeiten
Mit Kindern reden	Kurze Gespräche mit dem Kind über Aktivitäten oder Dinge, an denen es interessiert ist	Jedes	Unterstützung beim: ✧ Sprechenlernen ✧ Entwicklung sozialer Fertigkeiten ✧ Erlernen von Gesprächsregeln
Zuneigung zeigen	Körperliche Zuneigung zeigen	Jedes	✧ Lernen, Zuneigung zu schenken und anzunehmen
Förderung angemessenen Verhaltens			
Beschreibendes Lob	Angemessenes Verhalten wird durch eine detaillierte Beschreibung der Eltern gefördert	Jedes	✧ Förderung und Verstärkung angemessener kindlicher Verhaltensweisen
Aufmerksamkeit schenken	Positive, nonverbale Aufmerksamkeit schenken	Jedes	
Für spannende Beschäftigungen sorgen	Umgebungen schaffen, die Kindern interessante und spannende Beschäftigungen bieten	Jedes	✧ Förderung des selbständigen Spielens und angemessenen Verhaltens in der Öffentlichkeit
Trainieren neuer Fertigkeiten und Verhaltensweisen			
Lernen am Modell	Erwünschtes Verhalten als gutes Beispiel fördern	Jedes	✧ Förderung angemessenen Verhaltens

Erziehungsstrategie	Beschreibung	Alter	Anwendung
Beiläufiges Lernen	Fragen stellen und Unterstützung geben, um dem Kind etwas Neues beizubringen	1–12 Jahre	✧ Förderung der Sprachentwicklung ✧ Schulung der Problemlösefähigkeiten ✧ Förderung selbständigen Denkens und Spielens
Fragen – Sagen – Tun	Verbale und nonverbale Unterstützung beim Erlernen neuer Fertigkeiten	3–12 Jahre	✧ Förderung der Selbständigkeit und des Erlernens neuer Fertigkeiten
Punktekarten	Förderung angemessenen Verhaltens durch Aufmerksamkeit und Belohnung	2–12 Jahre	✧ Belohnung für angemessene Verhaltensweisen ✧ Verstärkung, wenn das Problemverhalten nicht gezeigt wird
Umgang mit Problemverhalten			
Familienregeln	Aufstellen von gerechten, klaren und leicht zu befolgenden Regeln	3–12 Jahre	✧ Klärung von Erwartungen
Direktes Ansprechen	Wenn Regeln gebrochen werden, richtiges Verhalten in Erinnerung rufen und wiederholen lassen	3–12 Jahre	✧ Bei Verletzung der Grundregeln
Absichtliches Ignorieren	Bewusstes Nichtbeachten bei geringfügigem Problemverhalten	1–7 Jahre	✧ Ignorieren von Problemverhalten, mit diesem die Kinder die Aufmerksamkeit der Eltern erringen wollen
Klare, ruhige Anweisungen	Klar umrissene Anweisungen, um eine Tätigkeit zu beginnen oder ein Problemverhalten zu unterbrechen	2–12 Jahre	✧ Zur Aufforderung zu einer neuen Tätigkeit ✧ Beendigung von Problemverhalten ✧ Anbieten von Handlungsalternativen
Logische Konsequenzen	Situationsadäquate Konsequenzen für eine kurze Zeit	2–12 Jahre	✧ Umgang mit Ungehorsam, geringfügigem oder seltenem Problemverhalten

Erziehungsstrategie	Beschreibung	Alter	Anwendung
Stiller Stuhl	Beschäftigung des Kindes unterbrechen und kurzzeitig in dem Raum, in dem das Problem aufgetreten ist, für einen kurzen Moment ruhig sitzen	18 Mon. bis 10 Jahre	✧ Umgang mit Ungehorsam oder bei Kindern, die nach einer logischen Konsequenz weiter ihr Problemverhalten zeigen
Auszeit	Das Kind für eine kurze Zeit in einen anderen Raum bringen	2–10 Jahre	✧ Umgang mit Kindern, die während des Stillen Stuhls nicht ruhig gewesen sind, oder für schwerwiegendes Problemverhalten

Die Eltern werden im Triple P® darin geschult, ihren Kindern entwicklungsfördernde Bedingungen zu schaffen. Ausgegangen wird von einer angemessenen Kommunikation und liebevollen Zuwendung der Eltern zum Kind. Dies trägt dazu bei, dass Kinder Fähigkeiten und Fertigkeiten entwickeln und eine positive Einstellung zu sich selbst aufbauen können, wodurch sich die Wahrscheinlichkeit für das Auftreten kindlicher Verhaltsauffälligkeiten verringert. Für eine funktionierende Eltern-Kind-Interaktion stellt das Programm der positiven Erziehung fünf Grundprinzipien auf, die durch das Training bei den Eltern verankert werden sollen:

✧ Für eine sichere und interessante Umgebung sorgen
✧ Eine positive Lernumgebung schaffen
✧ Konsequentes Erziehungsverhalten zeigen
✧ Realistische Erwartungen an das Kind und gegenüber sich selbst aufbauen
✧ Auch die eigenen elterlichen Bedürfnisse erfüllen.

Die Eltern sollen für ihr Kind eine interessante und sichere Umgebung schaffen. Anregende und ereignisreiche Lern- und Erfahrungsräume entsprechen dem natürlichen kindlichen Explorationsverhalten. Verhaltensauffälligkeiten werden dann seltener auftreten. Ein sicheres und gefahrenfreies Umfeld ermöglicht den Eltern gelassener in ihrem Erziehungsverhalten zu reagieren. Zusätzliche Hinweise und Verbote auf Gefahrenstellen werden von vornherein ausgeschlossen. Kinder können mehr Selbstständigkeit erlangen. Eine angemessene Beaufsichtigung des Kindes schließt sich dabei nicht aus.

Die Eltern werden dazu angeregt, sich ihrem Kind durch Zuwendung, Anregung und Interesse ausreichend zu widmen. Sie sollen sich für die Erlebniswelt der Kinder öffnen, ihnen zuhören und auf sie eingehen. Eltern werden ermutigt, die wünschenswerten Verhaltensweisen ihres Kindes anzuerkennen. Die elterliche Aufmerksamkeit und Wertschätzung bewirken, dass das Kind angemessene Verhaltensweisen häufiger zeigt.

Die Eltern lernen, wie wichtig es ist, bei unangemessenem Kindverhalten konsistent und konsequent zu reagieren. Sie erfahren, dass eine realistische Erwartungshaltung an die Leistungsfähigkeit ihres Kindes notwendig ist. Dem Streben nach elterlicher und kindlicher Perfektion wird eine Absage erteilt. Vielmehr wird dem Lernen nach Versuch und Irrtum ein Vorzug gegeben.

Die Notwendigkeit zur Befriedigung persönlicher und partnerschaftlicher Bedürfnisse der Eltern wird aufgezeigt. Dies fördert die Bereitschaft und Fähigkeit der Eltern, sich wieder der Erlebniswelt des Kindes zuzuwenden.

Im Umgang mit Problemverhalten wird den Eltern eine Reihe von Erziehungsstrategien mit steigendem Intensitätsgrad an die Hand gegeben. Voraussetzung für die kindliche Orientierung sind eindeutige und für das Kind verständliche Familienregeln, auf deren konsequente Einhaltung die Eltern achten sollten.

In nachfolgender Tabelle 2 wird ein zusammenfassender Überblick zum Programm gegeben.

Tabelle 2: *Zusammenfassung des Triple P®*

Triple P®
Positive Parenting Program – Positives Erziehungsprogramm   (Sanders, 1999; Hahlweg, 2001)
Anliegen
◇ Vermittlung von Strategien zum Aufbau und zur Festigung einer positiven Eltern-Kind-Beziehung   ◇ Angebot zur Förderung der kindlichen Entwicklung, von Gesundheit sowie sozialen, geistigen, emotionalen und sprachlichen Kompetenzen   ◇ Hilfe zur Vermeidung von kindlichen Verhaltensauffälligkeiten zur Unterstützung im Umgang mit und bei der Bewältigung dieser
Ziele
Triple P® möchte grundlegende Erziehungsfertigkeiten zur Förderung der kindlichen Entwicklung festigen: 1. Entwicklung einer positiven Beziehung zum Kind   2. Förderung von wünschenswertem Kindverhalten   3. Unterweisung der Eltern in neuen Fertigkeiten oder Verhaltensweisen   4. Schulung der Eltern im Umgang mit Problemverhalten des Kindes

Triple P®
Positive Parenting Program – Positives Erziehungsprogramm (Sanders, 1999; Hahlweg, 2001)

Indikation
✧ Ersetzen ungünstigen Erziehungsverhaltens und Erweiterung der Erziehungskompetenz ✧ Behandeln kindlicher Verhaltensstörungen und kindlichen Problemverhaltens ✧ Vorbeugen von schwierigen Situationen und vor Missbrauch und Gewalt gegenüber Kindern ✧ Reduzieren von erziehungsbedingtem Stress zur Steigerung der familiären Zufriedenheit ✧ Anleiten zum konstruktiven und nicht verletzenden Umgang

Theorie
Kognitiv behaviorale Ansätze: ✧ Soziale Lerntheorie nach Bandura ✧ Selbstmanagementansatz nach Kanfer ✧ Operante Lernprinzipien *Stetige Anpassung an aktuellen Forschungsstand:* ✧ Soziale Lernmodelle der Eltern-Kind-Interaktion ✧ Kognitiv-behaviorale Familientherapie und verhaltensanalytische Modelle ✧ Entwicklungspsychologische Forschung zum Erwerb von Kompetenzen ✧ Modelle der sozialen Informationsverarbeitung ✧ Forschungsergebnisse zu Risiko- und Schutzfaktoren ✧ Public Health und gemeindepsychologische Ansätze

Zielgruppe	**Methodisches Vorgehen**
Eltern mit Kindern bis 16 Jahren entsprechend der Erziehungssituation und dem Unterstützungsbedarf	Gruppen- und Einzeltrainings ✧ Vorträge und Präsentationen im Elternkurs ✧ Videodarstellungen ✧ Telefongespräche ✧ Einzelberatungen und individuelle Kontakte ✧ Hausaufgaben ✧ Fragebögen ✧ Rollenspiele

Trainingsablauf	
Allgemeines breites Präventionsprogramm zur primären Vorbeugung von kindlichen Verhaltensstörungen	*Ebene 1: Universelle Information über Erziehung* Information über und Unterstützung bei der Durchsetzung der Inhalte positiver Erziehung durch öffentliche Medien (z. B. durch Informationsblätter, Radio- und Fernsehsendungen, Zeitungsberichte etc.)

Triple P® **Positive Parenting Program – Positives Erziehungsprogramm** (Sanders, 1999; Hahlweg, 2001)	
Beim Auftreten erster kindlicher Verhaltensauffälligkeiten	*Ebene 2: Kurzberatung spezifischer Erziehungsprobleme* Ein bis vier kurze Einzelinterventionen (15–20 min) durch professionelle pädagogische, medizinische Fachkräfte, eingebettet in bestehende soziale Strukturen, wie Kindertagesstätten, Schulen, Gesundheitseinrichtungen
Bei umgrenzten Erziehungsschwierigkeiten	*Ebene 3: Kurzberatung und aktives Training* In vier Kurzkontakten (15–30 min) werden mit Eltern Ziele und entsprechende Erziehungsstrategien erarbeitet, in Rollenspielen eingeübt und Fortschritte sowie Schwierigkeiten in der Umsetzung diskutiert.
Bei erkennbaren Erziehungsschwierigkeiten der Eltern und schweren Verhaltensproblemen der Kinder sowie problematischen familiären Strukturen	*Ebene 4: Intensives Elterntraining* Kombiniertes Gruppentraining (4 x 2 ganzstündige Einheiten) mit Einzelarbeit sowie ein telefonisch unterstütztes Selbsthilfeprogramm zur Vermittlung verschiedener Erziehungsstrategien
Familien mit zusätzlichen familiären Schwierigkeiten, wie bei Ehekonflikten, Substanzmissbrauch oder depressiven Störungen; Eltern, deren Kinder nach der Teilnahme am intensiven Elterntraining weiterhin Auffälligkeiten zeigen	*Ebene 5: Erweiterte Interventionen auf Familienebene* Anknüpfend und aufbauend an das intensive Elterntraining wird ein individuelles Behandlungsprogramm speziell für die Problemkonstellation der Familie entwickelt.
Evaluierung	
Zahlreiche kontrollierte Wirksamkeitsstudien belegen eine signifikante Abnahme kindlicher Verhaltensprobleme, ein geringeres Ausmaß dysfunktionalen Erziehungsverhaltens und eine höhere Erziehungskompetenz und Zufriedenheit auf Seiten der Eltern.	

2.2   Video-Home-Training (VHT®)

Das Video-Home-Training ist ein in den Niederlanden entwickeltes methodisch selektiv-präventives Programm, eine ressourcenorientierte Methode zur Behandlung von Familien mit Kindern bis zu 12 Jahren mit Kommunikations- und Erziehungsschwierigkeiten. Erste Ansätze der Erziehungshilfe mit Videoaufnahmen fanden in den 1970er-Jahren in einem Heim für verhaltensauffällige Kinder in Holland statt (Schepers & König, 2000, S. 12; Birkholz, 2000, S. 24).

In Deutschland wird das Video-Home-Training seit 1990 von SPIN Deutschland e. V. (Stiftung intensiver häuslicher Hilfe in den Niederlanden) verbreitet und weiterentwickelt. Die Grundhaltung des Video-Home-Trainings ist es, Eltern in ihrer Erziehungskompetenz und in ihrem Selbstwertgefühl zu stärken, welche dadurch (wieder) eigene konstruktive Lösungswege entwickeln und durch das Beherrschen der Basiskommunikation für ihre Kinder zum Modell für einen befriedigenden Umgang miteinander werden. Mittels Videoaufnahmen soll so förderliches Elternverhalten geschult werden.

Es ist ein Kurzzeittraining und beruht auf den Prinzipien gelungener Interaktion zwischen Eltern und Kind. Die Eltern werden in ihrer Wahrnehmung für die Kontaktinitiativen ihres Kindes sensibilisiert. Dabei stellt das fokussierte positive Feedback einen zentralen Aspekt dar. Durch die Visualisierung und gemeinsame Analyse erfolgreicher verbaler und nonverbaler Interaktionssequenzen zwischen Eltern und Kind wird das positiv unterstützende Kommunikations- und Verhaltensrepertoire der Eltern gefestigt und weiterentwickelt.

Das VHT® ist ein individuell familienbezogenes Trainingsprogramm (Kreuzer, 1999, S. 375). Es findet im Haushalt der Familie statt, wobei die interaktionellen Beziehungen zwischen Eltern und Kind in Alltagssituationen ins Zentrum der Methode gerückt werden. Das Training ist kein starres übungs- oder anleitungsbezogenes Kursprogramm. Vielmehr dient die Demonstration der Videobilder der differenziellen Verstärkung positiver elterlicher Kommunikationsmuster. Im Sinne der Selbsterfahrung wird dadurch das elterliche Erziehungsverhalten positiv verstärkt und modelliert. Die Übung der Basisprinzipien gelungener Kommunikation erfolgt daraufhin selbstständig, als Folge und Transferleistung im familiären Alltag (ebd.).

Die Verbesserung der familiären Kommunikation wirkt sich positiv auf die Beziehung zwischen Eltern und Kind aus. Infolgedessen reduzieren sich die Verhaltensauffälligkeiten der Kinder und die Erziehungsschwierigkeiten der Eltern.

Die Weiterentwicklung des VHT® für Multi-Problem-Familien umfasst eine Unterstützung von Familien, die über die Basiskommunikation hinausgehen. Im Trajektplan (Abbildung 4) werden Entwicklungsziele für einzelne Familienmitglieder und die soziale Integration der Familie im Sinne der Netzwerkarbeit angestrebt (Dekker, 1999, S. 104f.).

Im Zentrum des Trainings steht die Förderung gelingender Interaktionen zwischen Eltern und Kind. Damit soll eine gesunde Wechselseitigkeit sozial-emotionaler Entwicklung im Familiensystem erreicht werden. Das VHT® baut auf lerntheoretische und sozial-integrative Ansätze auf. Die bildliche Wiedergabe positiver familiärer Interaktionen dient dazu, erfolgversprechende Kommunikationsmuster und adäquate elterliche Erziehungskompetenzen zu bewirken. Die Fähigkeit zur Problemlösung wird aktiviert und entwickelt (Schepers & König, 2000, S. 17; Schepers, 1999, S. 112).

Ähnlich dem Empowerment (Herriger, 1995; Herriger, 1997; Stark, 1996) wird an vorhandenen individuellen Ressourcen in der familiären Kommunikation angesetzt. Die Video-Feedback-Methode mit dem gemeinsamen Auswertungsgespräch trainiert die Eltern in ihrer Wahrnehmung und Interpretation der kindlichen Signale. Schepers und König (2000, S. 86) sprechen von einem praktischen pädagogischen Fertigkeitstraining. Die Eltern lernen die Prinzipien der gelungenen Kommunikation kennen. Sie werden im Einsatz dieser positiven Interaktionsbausteine anhand der Videobilder unterstützt.

Die didaktisch-methodischen Ansatzpunkte dieses Elterntrainings zielen auf eine intensive, alltagsnahe und selbstverstärkende Wirkung ab. Die Durchführung des Trainings im Haushalt der Familie stellt einen direkten Bezug zu deren individuellen Anforderungen her. Die Wahrnehmungs- und Transferleistungen der Eltern werden damit begünstigt. Die fokussierten Videoaufnahmen haben eine nachhaltige Wirkung auf kognitiver und affektiver Ebene. Die Eltern lernen anhand ihres eigenen Modells ihr Kommunikationsverhalten gegenüber dem Kind positiv auszurichten. Ihnen werden ihre bereits vorhandenen Stärken verdeutlicht. „Die Bilder berühren die Erlebniswelt der Eltern, tragen zu einer tiefer greifenden Bewußtseinswerdung (...) bei und sind selbst Grundlage für das eigentliche Üben der Kommunikationsbausteine und die daraus folgende Bewußtseinsänderung" (Schepers, 1999, S. 113). Das VHT® beinhaltet somit Züge von Selbsterfahrung (Kreuzer, 1999, S. 375) durch Konfrontation mit der bildlichen Darstellung des eigenen Verhaltens.

Die Leistungsfähigkeit des Mediums liegt darin, dass die objektive Realität der Videoaufnahmen durch Fokussierung, Zeitlupendarstellung, Standbilder sowie dem mehrmaligen Vorspielen als ein didaktisches Instrument zur Verdeutlichung und Hervorhebung der erziehungsförderlichen Kontaktinitiativen eingesetzt wird. Schepers (1999, S. 120) vertritt die Auffassung, dass die Wirkung des Videos das Selbstbild der Eltern verändern kann, indem eine kognitive Umstrukturierung durch die Diskrepanz zwischen dem bisherigen Selbstbild und dem Bild im Videofilm ausgelöst wird.

Durch die Darstellung des bereits gelingenden elterlichen Interaktionsverhaltens erfolgt eine Steigerung der Selbstwirksamkeit. Damit werden zukünftige „Selbst-Wirksamkeits-Erwartungen" (Kreuzer, 1999, S. 419) der Eltern erhöht. Einstellung und Verhalten in der Kommunikation zum Kind verändern sich positiv. Die Eltern werden mit Hilfe des VHT® sensibilisiert, die Entwicklung ihres Kindes durch gelingende Interaktionen adäquat zu fördern.

Mit der Methode des Video-Feedbacks werden die Eltern in ihrer Aufmerksamkeit auf die förderlichen Bedingungen ihres Erziehungsverhaltens gelenkt. Die Leitideen des VHT® basieren auf den Erkenntnissen der Verhaltensforschung früher Eltern-Kind-Interaktionen (Papousek & Papousek, 1987; Stern, 1994, S. 9). So verfügen Säuglinge über vielfältige angeborene Ausdrucksweisen zur Einleitung interpersoneller Kommunikation gegenüber ihren primären Bezugspersonen. Dabei ist der Blickkontakt das wichtigste Signal zur Kontaktherstellung (Räder, 1999, S. 84). Papousek und Papousek (1987) schreiben den Eltern eine „intuitive Elternschaft" (ebd., S. 669) zu. Eltern zeigen im Umgang mit ihrem Säugling Verhaltensbereitschaften, die teilweise unbewusst, aber auf die kindlichen Bedürfnisse und Reaktionen angemessen ausgerichtet sind. Stern (1994, S. 9) geht davon aus, dass ein Säugling bereits mit sechs Monaten den Großteil der sozialen Grundsignale beherrscht, dass er „die strukturierten Sequenzen im Einklang mit der Mutter vollziehen kann" (ebd.). Dieses Verhaltensrepertoire ermöglicht ihm, in Kontakt mit anderen zu treten. Auch Stern (1994) beschreibt ein Wechsel-

spiel zwischen dem Repertoire des Säuglings und der Bezugsperson, um miteinander in Interaktion zu treten.

Als zentrale Kriterien entwicklungsförderlichen Erziehungsverhaltens beinhaltet das
VHT® fünf Kontakt- bzw. Grundprinzipien. „Die Kontaktprinzipien können als Regeln verstanden werden, die das VHT® in der Familie verankern will" (Kreuzer, 1999, S. 380). Damit
soll eine störungsfreie Kommunikation gewährleistet werden.

Folgende fünf Grundprinzipien gelungener Interaktion richtet das VHT® als Verhaltensan-
gebot an die Eltern:

❖ Die Eltern folgen den Initiativen ihrer Kinder.
❖ Sie bestätigen den Empfang der Initiativen.
❖ Sie benennen die Initiativen ihrer Kinder und ihre eigenen Initiativen.
❖ Die Eltern sorgen dafür, dass die Kontakte untereinander beibehalten werden; sie beachten
   dabei die Reihenfolge.
❖ Im Allgemeinen gilt, dass die Eltern die Kommunikation lenken und die Führung überneh-
   men (Kreuzer, 1999, S. 387; Schepers & König, 2000, S. 35ff.).

Zentrales Merkmal dieses „mehrstufigen Sender-Empfänger-Systems" (Kreuzer; 1999,
S. 388) ist die Responsivität der Eltern. Sie empfangen, verstärken und koordinieren die
wechselseitige Interaktion mit ihrem Kind. Dadurch erhalten sie die Initiativen des Kindes
aufrecht und gestalten sie zugleich aus (ebd.).

Diese Kontaktprinzipien bauen auf bindungsrelevanten Erkenntnissen, insbesondere dem
feinfühligem Verhalten von Müttern gegenüber ihren Säuglingen, auf (Brisch, 1999, S. 43;
Ainsworth,1977, S. 98ff.). So sind sehr feinfühlige Mütter für ihre Kinder erreichbar und zu-
gänglich. Sie bemerken scheinbar subtile kindliche Signale, Bedürfnisse und Befindlichkeiten
und interpretieren ihre Wahrnehmungen richtig. Ihre Reaktionen erfolgen prompt und angemessen auf kindliche Verhaltensregungen (Ainsworth, 1977, S. 103f.).

Das VHT® bedient sich eines Kontaktschemas. Anhand dieses Schemas erfolgt die Analyse des verbalen und nonverbalen Verhaltens der fokussierten Videoaufnahme. Es wird zwischen dem Aussenden von positiven Initiativen, den Ja-Serien, und der Spirale von negativen
Reaktionen, den so genannten Nein-Serien, unterschieden (Schepers & König, 2000, S. 38;
Schepers, 1999, S. 116).

Die Kontaktaufnahme zwischen Eltern und Kind beginnt mit der Kontakteröffnung. Damit
wird die Bereitschaft des Interaktionspartners zum Empfang der gesendeten Signale ausgedrückt. Die Eröffnung zeigt sich in körperlicher Zuwendung, Gesichtsausdruck, Blickkontakt
und Gestik. Nach der Kontakteröffnung folgen, während des Gesprächs, das Aufrechterhalten
und das Kontrollieren des Kontaktes.

Das VHT® ist ein Kurzzeit-Programm (Abbildung 3). Es umfasst zwischen sechs bis zwölf
einstündige Trainingssitzungen. Das Elterntraining findet in der Familie über einen Zeitraum
von etwa einem halben Jahr statt. Das VHT® beginnt mit dem Erstkontakt. In diesem Einfüh-
rungsgespräch wird den Eltern die Methode und der Trainingsablauf mit der Kameratechnik

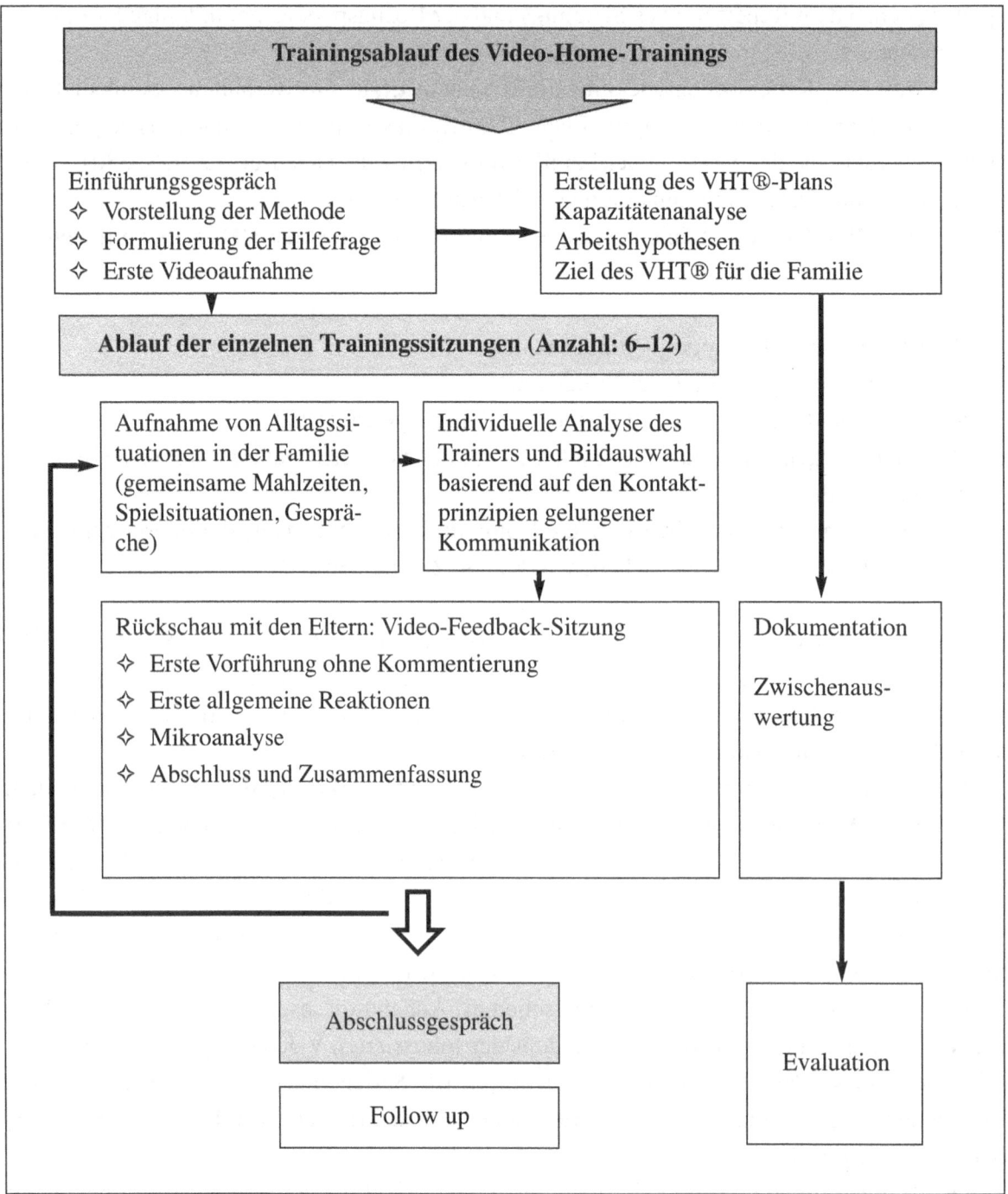

Abbildung 3: *Übersicht über den Gesamtablauf des Video-Home-Trainings*

erklärt. Signalisieren die Eltern ihre Bereitschaft an einem Training teilzunehmen, wird ihre Hilfefrage für das Training formuliert. Der erste Aufnahmetermin wird vereinbart. Der weitere Trainingsablauf gestaltet sich im wöchentlichen Wechsel von Videoaufnahme und Video-Feedback-Sitzung. Ein aufgestellter VHT®-Plan evaluiert den Prozess. Er enthält die konkretisierte Hilfefrage, die eingangs erstellte Kapazitätenanalyse und die Arbeitshypothesen (Schepers & König, 2000, S. 29; Räder, 1999, S. 80ff.).

Die Familie wird in verschiedenen Alltagskontexten in 10-minütiger Sequenz gefilmt. In der Nachbereitung analysiert der Trainer die gelungenen Interaktionen. Wesentliche positive Szenen zwischen Eltern und Kind werden für die Rückschau zusammengestellt. Bei der Analyse der Aufnahme durch den Trainer beträgt die sequenzielle Bildauswahl mitunter nicht mehr als eine Minute. Die spezifische Auswahl positiver Interaktionen erfolgt entsprechend der Hilfefrage. Die Fokusmöglichkeiten ergeben sich aus dem Kontaktritual und den fünf Prinzipien der Basiskommunikation.

Die Rückschau und Auswertung dienen ausschließlich der Bewusstmachung und der gemeinsamen Verfolgung der Hilfefrage (Räder, 1999, S. 81). Die Video-Feedback-Sitzung beginnt einleitend mit der Darstellung des Zieles der Videoaufnahme. Anschließend wird die Filmsequenz ohne Kommentierung und Unterbrechung erstmalig vorgespielt. Danach erhalten die Eltern die Gelegenheit, sich allgemein dazu zu äußern. Die Mikronanalyse stellt die Bilder wiederholend langsamer und mit Unterbrechungen erneut ins Zentrum der gemeinsamen Bewertung und Bearbeitung der Hilfefrage. Das Auswertungsgespräch erfolgt mit den Eltern allein, ohne Kinder. Am Ende jeder Trainingssitzung werden die erarbeiteten Ergebnisse zusammengefasst. Ziele und der Aufnahmetermin für die nächste Sitzung werden vereinbart (Schepers, 1999, S. 123f.).

Der gesamte Trainingsverlauf wird mit einem Abschlussgespräch beendet. Zur Evaluation der Trainingseffekte schließen sich Follow-up-Sitzungen an. Damit soll erfasst werden, inwieweit die erlernten Verhaltensweisen auch über längere Zeit Beständigkeit haben.

Der erfolgreiche Einsatz des VHT® bei Multi-Problem-Familien machte eine Weiterentwicklung dieser Methode notwendig. Im Konzept des „VHT® Plus" (Kreuzer, 1999, S. 403) werden die Kontaktprinzipien des VHT® zu „Leitprinzipien der Hilfeplangestaltung" (ebd.). Das Vorhandensein vielfältiger sozialer Integrationsprobleme der Familien erforderte eine intensivere Hilfe. Eine über die Schulung der Basiskommunikation hinausgehende Unterstützung dieser Zielgruppe ist indiziert. Um die Funktionalität der Familie wieder herzustellen, wird für die Familie ein Trajektplan (Abbildung 4) aufgestellt. Inhaltlich umfasst dieser Plan, neben der Förderung gelingender Kontaktprinzipien, Elemente des täglichen Familienlebens und wesentliche Bezugspunkte für die gesunde Entwicklung der Kinder. Auch die Entwicklungsmöglichkeiten der Eltern sowie die allgemeine gesellschaftliche Integration werden im Hilfeprozess beachtet.

Im Hilfeprozess zur Förderung und Stabilisierung des familiären Netzwerkes arbeiten verschiedene Institutionen zusammen. Der Video-Home-Trainer übernimmt koordinierende und evaluierende Funktionen (Dekker, 1999, S. 104f.).

Die Tabelle 3 fasst die wesentlichen Inhalte des VHT® zusammen.

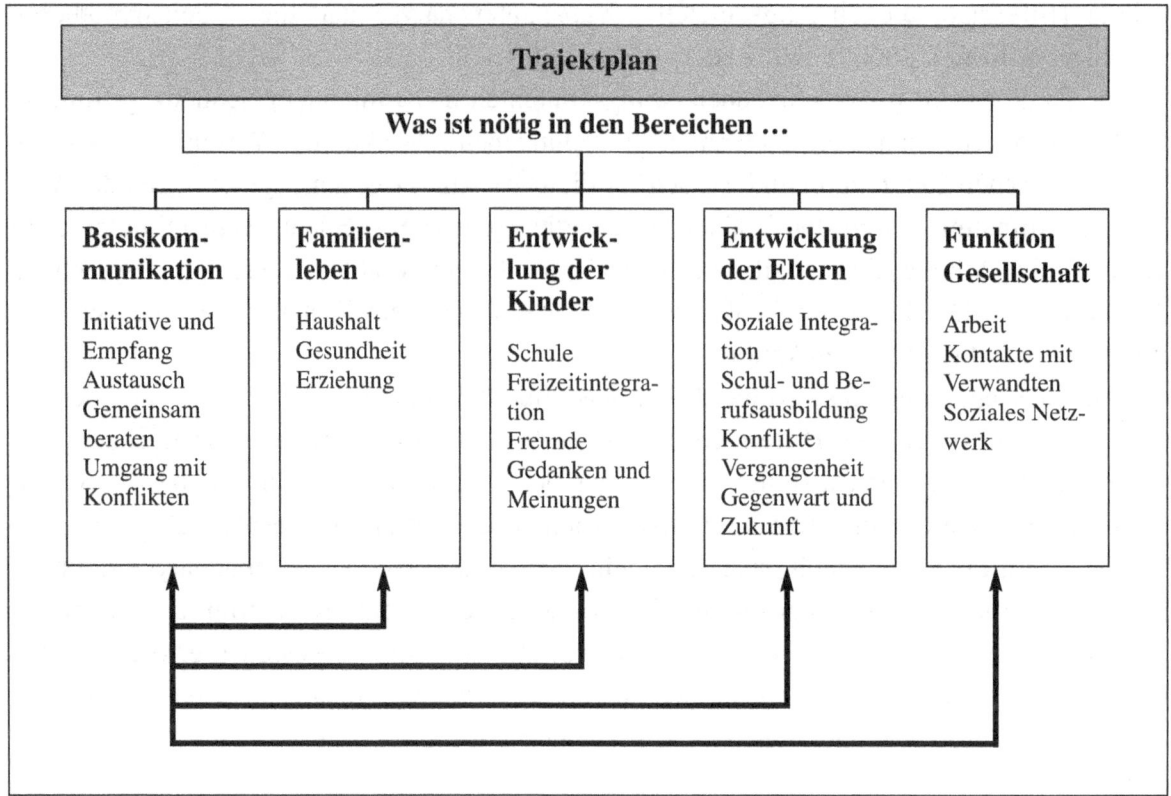

Abbildung 4: *Inhalte des Trajektplanes (modifiziert nach Dekker, 1999, S. 104f.)*

Tabelle 3: *Zusammenfassung des VHT®*

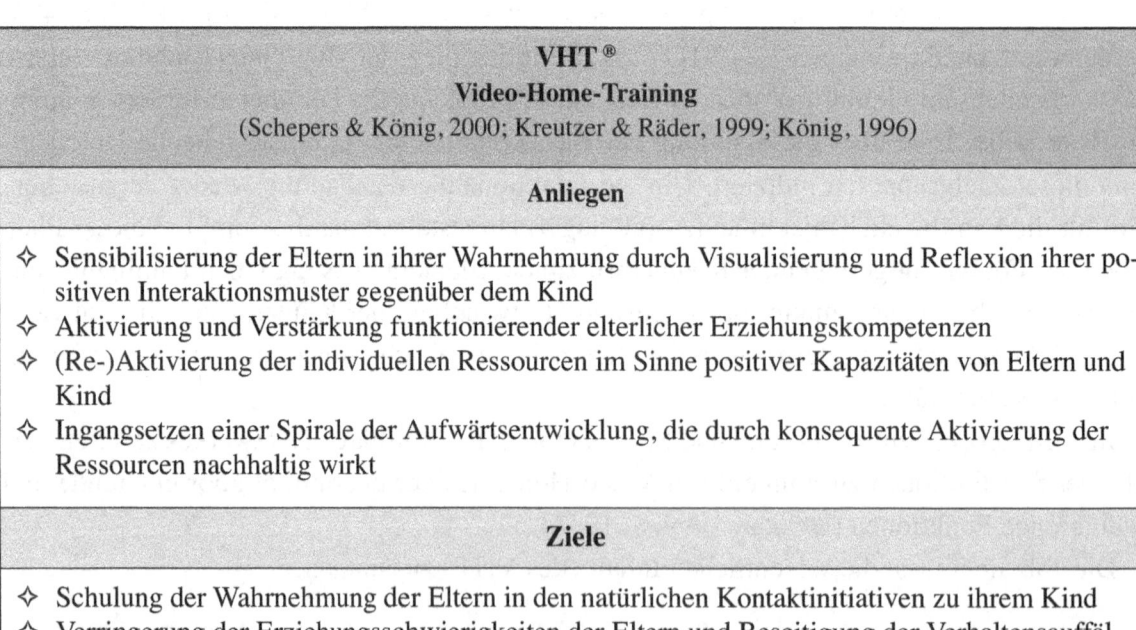

VHT® Video-Home-Training (Schepers & König, 2000; Kreutzer & Räder, 1999; König, 1996)
Anliegen
◇ Sensibilisierung der Eltern in ihrer Wahrnehmung durch Visualisierung und Reflexion ihrer positiven Interaktionsmuster gegenüber dem Kind ◇ Aktivierung und Verstärkung funktionierender elterlicher Erziehungskompetenzen ◇ (Re-)Aktivierung der individuellen Ressourcen im Sinne positiver Kapazitäten von Eltern und Kind ◇ Ingangsetzen einer Spirale der Aufwärtsentwicklung, die durch konsequente Aktivierung der Ressourcen nachhaltig wirkt
Ziele
◇ Schulung der Wahrnehmung der Eltern in den natürlichen Kontaktinitiativen zu ihrem Kind ◇ Verringerung der Erziehungsschwierigkeiten der Eltern und Beseitigung der Verhaltensauffälligkeiten ihres Kindes ◇ Sensibilisierung der Eltern im Verhalten zu ihrem Kind durch Erlernen der Elemente der Basiskommunikation

VHT® **Video-Home-Training** (Schepers & König, 2000; Kreutzer & Räder, 1999; König, 1996)	

Indikation

✧ Verhaltensauffälligkeiten des Kindes
✧ Erziehungsschwierigkeiten der Eltern
✧ Unterstützung von Multi-Problem-Familien (VHT® Plus) und sozialer Integration

Theorie

✧ Lerntheoretische und sozialintegrative Ansätze
✧ Erkenntnisse der Verhaltensforschung früher Eltern-Kind-Interaktionen zur Säuglings- und Bindungsforschung, Forschungsarbeiten von C. Trevarthen zur Interaktionen von Müttern mit ihren Säuglingen, H. und M. Papousek zur frühen Eltern-Kind-Interaktion, Daniel Stern zur sozialen Interaktion von Säuglingen und ihren Betreuungspersonen im Zusammenhang mit der Entwicklung des VHT®

Zielgruppe

✧ Für Eltern mit Kindern bis zwölf Jahren mit Kommunikations- und Erziehungsproblemen, die ihr eigenes Erziehungsverhalten reflektieren und verbessern möchten
✧ VHT® Plus: Multi-Problem-Familien mit vielfältigen familiären und sozialen Schwierigkeiten, bei drohender Fremdunterbringung (soziale Netzwerkarbeit im Zusammenwirken verschiedener Institutionen auf der Grundlage des Trajektplanes, Video-Home-Trainer fungiert als Koordinator)

Umfang

8–12 Trainingseinheiten im Wechsel von Videoaufnahme und Video-Feedback-Sitzung innerhalb von 6–12 Monaten

Methodisches Vorgehen

✧ Einzeltraining im Haushalt der Familie, orientiert an den individuellen familiären Bedingungen und der Hilfefrage der Eltern
✧ Video-Feedback und Auswertungsgespräch durch mehrmaliges Vorspielen der eigenen Videoaufnahmen, beabsichtigte Wirkungen: bspw. Veränderung des Selbstbildes der Eltern
✧ Kognitive Umstrukturierung aufgrund Diskrepanz bisheriges Selbstbild und Bild aus dem Video

Video: Das Medium bietet den Eltern eine Form der aktiven Auseinandersetzung mit ihrer Realität. Die konkrete Arbeit anhand des fokussierten Video-Feedbacks macht den Eltern erfolgreiche Kontaktmomente zu ihrem Kind am eigenen Modell bewusst.
Home: Die Hilfe findet im Alltag und in der vertrauten Umgebung der Familie statt. Es werden im konkreten sozialen Bezugssystem Ressourcen erkannt und verstärkt. Der Transfer erarbeiteter Lösungen und alternativer Erziehungsstrategien wird durch selbstständige Übung im Familienalltag ermöglicht.

VHT ®
Video-Home-Training (Schepers & König, 2000; Kreutzer & Räder, 1999; König, 1996)

Training: Durch positives Video-Feedback werden elterliche Kompetenzen und positive Interaktionen reflektiert und bewusst gemacht. Die elterliche Aufmerksamkeit wird auf die kindlichen Bedürfnisse, Eigenschaften und Entwicklungsmöglichkeiten gelenkt.

Im Sinne von Selbsterfahrung und kognitiver Umstrukturierung werden Einstellungs- und Verhaltensweisen der Eltern gegenüber dem Kind verändert. Eine Steigerung der Selbstwirksamkeit durch Selbstverstärkung wird bezweckt.

Trainingsablauf	Konzeption
❖ Einführungsgespräch ❖ Erste Aufnahme zur Kapazitätenanalyse der Eltern ❖ Formulierung der Hilfefragen und Erstellung eines Video-Home-Trainingsplanes ❖ 8–12 Trainingssitzungen, gemeinsame Analyse der fokussierten Videoaufnahmen ❖ Abschlussgespräch ❖ Follow up	Anwendung des VHT® kann losgelöst von bestehenden Hilfsangeboten als isoliertes abgegrenztes Therapieangebot erfolgen und basiert auf den vier Säulen: 1. Basiskommunikation 2. Videobilder 3. Gemeinsame Analyse der Aufnahmen 4. Menschenbild Kommunikationsmuster zwischen den Eltern und dem Kind werden anhand der Basisprinzipien geschult: ❖ Eltern folgen den Initiativen ihres Kindes ❖ Eltern bestätigen den Empfang der Initiativen ❖ Eltern benennen die Initiativen ihres Kindes und ihre eigenen ❖ Eltern sorgen dafür, dass die Kontakte untereinander beibehalten, analysiert und bewertet werden ❖ Eltern übernehmen die Führung (der Kommunikation) (Räder, 1999)

Evaluierung
Vergleichsstudien intensiver häuslicher Hilfen ergaben insgesamt positiven Einfluss der Hilfen auf die Funktionsfähigkeit der Familien (Vonau, 2005) ❖ Kein eindeutiges Analyseinstrument, quantitative und reliable Bestimmung von Veränderungen dadurch nicht gegeben ❖ Keine Eignungsdiagnostik mit standardisierten Verfahren

2.3 Video-Interaktionstraining (VIT)

Das Video-Interaktionstraining ist ein kommunikationsförderndes und verhaltenstherapeutisches Elterntraining für mehrfachbelastete Familien mit verhaltensauffälligen Kleinkindern zwischen dem zweiten und vierten Lebensjahr. Es wurde 1996 im Rahmen eines Forschungsprojektes an der Kinderambulanz der Universität Bremen unter Prof. Dr. Petermann von Ragna Cordes (2000) anhand von fünf Einzelfallanalysen erprobt und evaluiert.

Das VIT ist ein videogestütztes Trainingsprogramm. Das sekundärpräventive Einzeltraining zielt auf eine frühe pädagogisch-therapeutische Intervention, wenn Kleinkinder erstmalig Auffälligkeiten im Sozialverhalten zeigen, und möchte einer Stabilisierung und Manifestation von oppositionellem Trotzverhalten und Aufmerksamkeitsstörungen der Kinder vorbeugen. Das Training setzt beim Vorliegen bestimmter entwicklungsgefährdender und psychosozialer Risikofaktoren innerhalb der Familie an.

Das VIT zielt darauf ab, Eltern für ihr Verhalten und das ihres Kindes zu sensibilisieren. Die Eltern werden in den Prinzipien der Basiskommunikation zwischen ihnen und ihrem Kind geschult, damit sie die natürlichen Kontaktinitiativen ihres Kindes besser wahrnehmen und ihr Verhalten responsiver darauf ausrichten können. Zentrales Element des Trainings stellt die gemeinsame Videoanalyse dar. Das Medium ermöglicht eine Fokussierung der Aufmerksamkeit der Eltern auf bestimmte Interaktionssequenzen. Durch die gemeinsame Interpretation der Interaktionen, die Ableitung von Verhaltensalternativen und das praktische Einüben positiver Kommunikationsmuster gelingt es den Eltern, die Signale ihres Kindes besser zu erkennen und ihr Erziehungsverhalten im Alltag konsequenter darauf auszurichten. Sie lernen die Problemsituationen mit ihrem Kind möglichst frühzeitig zu erkennen, um diese möglicherweise abwenden bzw. besser bewältigen zu können. „Ziel des VIT sollte es sein, die Eltern in die Lage zu versetzen, künftige Problemsituationen mit dem Kind ohne Hilfe von außen bewältigen zu können" (Cordes, 2000, S. 15).

Das Training dient der Verstärkung eines positiven Interaktionsverhaltens zwischen Eltern und Kind. Kinder im Alter von zwei bis vier Jahren durchlaufen wichtige Phasen der verbalen, sozial-kognitiven und motorischen Entwicklung. Aufgrund der schnellen Verhaltensänderungen ist die Störanfälligkeit der Entwicklung in diesem Alter besonders hoch.

Obgleich inzwischen eine Vielzahl familiärer Risiken bekannt sind, die die Entwicklung von Kindern gefährden, gab es bisher nur wenige Ansätze, solchen sozial schwachen oder psychosozial belasteten Familien frühzeitig therapeutische Hilfe anzubieten. Es besteht die Gefahr, dass die Verhaltensauffälligkeiten von Kleinkindern chronisch werden und sich zu einer schweren, im Jugendalter kaum noch beeinflussbaren Störung entwickeln.

Cordes ließ es aufgrund der vielfältigen Ursachen, wie die Zunahme von Verhaltensstörungen bei Kindern und Jugendlichen in Deutschland, das Bestehen einer besonders hohen Prävalenz von externalisierenden Verhaltensstörungen und von unzureichenden Therapieangeboten für verhaltensauffällige Kinder in Risikofamilien, notwendig erscheinen, ein neues Elterntrainingsprogramm zu konzipieren. Das VIT ist ein sehr erfolgreiches Trainingsprogramm, welches in komplexer Weise die lernpsychologische Verhaltensebene und die klientzentrierte Kommunikations- und Erlebnisebene erfasst und bearbeitet (Kreuzer & Räder, 1999).

Beim Vorliegen bestimmter familiärer Risikofaktoren und Auftreten erster externaler Verhaltensstörungen des Kindes wird dieses Kurzzeittraining im Haushalt der Familie durchgeführt. Die Ziele orientieren sich an den jeweiligen Problemsituationen der Familie. Anhand der Analyse von Videoaufnahmen alltäglicher Eltern-Kind-Interaktionen werden Eltern mittels interaktionsfördernder und verhaltensmodifizierender Strategien im Aufbau einer gelingenden Beziehung zum Kind unterstützt.

Das VIT baut auf den bisherigen Erkenntnissen früher Mutter-Kind-Interaktionen auch hinsichtlich vorhandener Elterntrainings und ihrer Wirksamkeit bei Schwierigkeiten in der Beziehungsgestaltung zwischen Eltern und ihren Kleinkindern auf (Papousek, Hofacker, Malinowski, Jacubeit & Cosmovici, 1994; Döpfner, Lehmkuhl & Schürmann, 1995; Döpfner, Schürmann & Fröhlich, 1998; Wolke, 1997).

Theoretische Bezugspunkte des VIT sind neben den kommunikationsfördernden Prinzipien früher Mutter-Kind-Interaktionen die sozial-kognitive Lerntheorie, das operante Konditionieren, das Diskriminationslernen und die Selbstwirksamkeitstheorie.

Die gemeinsame Auswertung der mit Video aufgenommenen Eltern-Kind-Interaktionen stellt einen zentralen Aspekt im Einzeltraining dar. Die Videoanalyse umschreibt Cordes (2000, S. 164ff.) wie folgt:

✧ Das „Hervorheben von Interaktionssequenzen, in denen die Eltern das Zielverhalten gut verwirklichen"

✧ Das „Hervorheben von Interaktionssequenzen, in denen die Eltern das Zielverhalten noch nicht verwirklichen"

✧ Der „Vergleich von Sequenzen, in denen das Zielverhalten verwirklicht, und solche, in denen es nicht noch nicht verwirklicht wurde"

✧ Die „Analyse kritischer Situationen in der Interaktion"

✧ Das direkte Einüben von Zielverhalten mit gleichzeitiger Unterstützung durch den Trainer.

Die Wirkmechanismen des VIT können somit in der positiven Verstärkung durch die verbale Bekräftigung des Trainers gesehen werden. Gelungenes elterliches Zielverhalten wird durch Lob positiv verstärkt. Die Lenkung der elterlichen Aufmerksamkeit auf die Reaktionen der Kinder wirkt zusätzlich verstärkend. Durch die audio-visuelle Wiedergabe können auch kurze oder in Ansätzen gelungene Interaktionen fokussiert werden. Durch das Lernen am eigenen Modell wird die Selbstwirksamkeit der Eltern deutlich erhöht. Auch der elterliche Attributionsstil kann durch das Training spezifiziert werden. Die familiären Interaktionen werden unter Einbezug verschiedener Variablen differenziert betrachtet.

Die Trainingssituationen im VIT orientieren sich an den individuellen Problemlagen und Zielen der Familie. Dabei werden die kritischen Alltagssituationen zwischen Eltern und Kind ins Zentrum der Verhaltensanalyse gestellt. Kurze Videosequenzen der Eltern-Kind-Interaktionen ermöglichen eine Arbeit an den typischen Verhaltensmustern der Eltern. Die

Durchführung im Haushalt der Familie beinhaltet optimale Effekte des Übungs- und Generalisierungstransfers für die Eltern (ebd., S. 137f.).

Das VIT gliedert sich in das Basistraining und das Generalisierungstraining. Das Basistraining umfasst elf Stunden. Es beinhaltet den Aufbau der Basiskommunikation und die Schulung von verhaltenstherapeutischen Strategien zum Umgang mit dem kindlichen Problemverhalten. Daran schließt sich das vierstündige Generalisierungstraining an. Die Eltern sollen die erlernten Inhalte festigen und auf weitere Problemsituationen im Alltag übertragen. Neben der Videoanalyse kritischer Alltagssituationen und dem Einüben neuer Strategien unter Anleitung des Trainers werden im VIT das therapeutische Gespräch, der Einsatz von Hausaufgaben, das Planen von Verhalten in zukünftigen Situationen und Selbstinstruktionen als weitere Methoden eingesetzt (ebd., S. 156).

Inhalte des Video-Interaktionstrainings für Risikofamilien

Basistraining: 11 Stunden

Aufbau der Basiskommunikation
- ⬦ Positive Aufmerksamkeit (Blickkontakt, Zuwendung) und Verhalten benennen
- ⬦ Verhalten auf das Kind abstimmen
- ⬦ Kind loben
- ⬦ Handlungen des Kindes aufgreifen oder Alternativen anbieten
- ⬦ Aufmerksamkeit auf alle Familienmitglieder gleich verteilen

Aufbau verhaltenstherapeutischer Strategien zum Umgang mit dem Problemverhalten
- ⬦ Richtiges Reagieren auf das problematische Verhalten des Kindes
- ⬦ Richtig auffordern
- ⬦ Frühzeitig auf Problemverhalten reagieren
- ⬦ Einsatz effektiver Konsequenzen

Generalisierungstraining: 4 Stunden

- ⬦ Planen und Besprechen von Strategien für weitere Problemsituationen zur Festigung des erlernten Verhaltens
- ⬦ Aufbau von Selbstkontrolle und Einsatz von Selbstinstruktionen

Abbildung 5: *Inhalte des VIT*

In Abbildung 5 wird ein Überblick über die Inhalte der Trainingsbausteine des VIT vermittelt. In Einzelfällen können die Trainingsstunden bei Trainingserfolgen verkürzt werden (Cordes, 2000, S. 220).

Zur Vorbereitung des Elterntrainings wird die Familie einer ausführlichen Diagnose und Anamnese unterzogen. Neben dem therapeutischen Interview werden standardisierte Fragebögen eingesetzt. Eingangs werden erste Videoaufnahmen in Standardsituationen, z. B. beim gemeinsamen Essen und im freien Spiel, aufgenommen. Zudem wird das Eltern-Kind-Verhalten in einer typischen Problemsituation gefilmt. Von dem Trainer werden diese Eltern-Kind-Interaktionen nach dem SORCK-Schema analysiert (ebd., S. 153f.).

Das Problemverhalten des Kindes wird mit situativen Reizen und den Verhaltensmustern der Mutter in Beziehung gesetzt. Typische Interaktionsprobleme der Familie werden herausgearbeitet.

Das Basistraining beginnt mit der gemeinsamen Problemdefinition. Die im Training zu bearbeitenden kritischen Situationen werden gemeinsam mit den Eltern ausgewählt. Anhand der Verhaltensanalyse des mütterlichen Interaktionsstils in den Problemsituationen werden durch den Trainer bis zu drei Basiskommunikationsprinzipien sowie ein bis zwei verhaltenstherapeutische Strategien festgelegt.

In der zweiten Trainingsstunde wird unter Anleitung des Trainers eine positive Spielsituation hergestellt und mit Video aufgenommen. In der dritten Stunde wird den Eltern anhand der Videosequenzen aus der Diagnostikphase das Verhalten des Kindes entsprechend dem „Teufelskreis" und dem „Engelskreis" erläutert. Den Eltern kann damit förderliches und weniger unterstützendes Erziehungsverhalten aufgezeigt werden. Es werden Ziele für förderliches Interaktionsverhalten zum Kind abgeleitet. Die Hausaufgabe besteht im weiteren Einüben dieses Zielverhaltens im Familienalltag. Übungsblätter und Beobachtungsprotokolle werden den Eltern unterstützend zur Hand gegeben.

Das Basistraining findet zweimal wöchentlich statt. Damit soll ein Lerneffekt und eine Erfolgskontrolle gewährleistet werden. Unter praktischer Anleitung wird in den Trainingssitzungen ein neues Zielverhalten vereinbart und praktisch eingeübt. Anhand der Videoanalyse werden die Interaktionen gemeinsam interpretiert und positives Verhalten verstärkt. Bei negativen elterlichen Verhalten werden mögliche Alternativen besprochen.

Die Veränderungskontrolle und die Einschätzung des Trainingserfolges geschieht kontinuierlich durch die Eltern selbst. Die Veränderungen im Umgang mit dem Kind werden gemeinsam thematisiert.

Im Generalisierungstraining werden neue Situationen geplant. Der Transfer der erlernten förderlichen Kommunikationsprinzipien wird besprochen. Die Abstände zwischen den Trainingseinheiten werden vergrößert.

Eine letzte positive Videoanalyse und das Abschlussgespräch beenden das VIT. Nach drei Monaten erfolgt ein Follow up.

Die Abbildung 6 stellt den Trainingsablauf im Überblick dar.

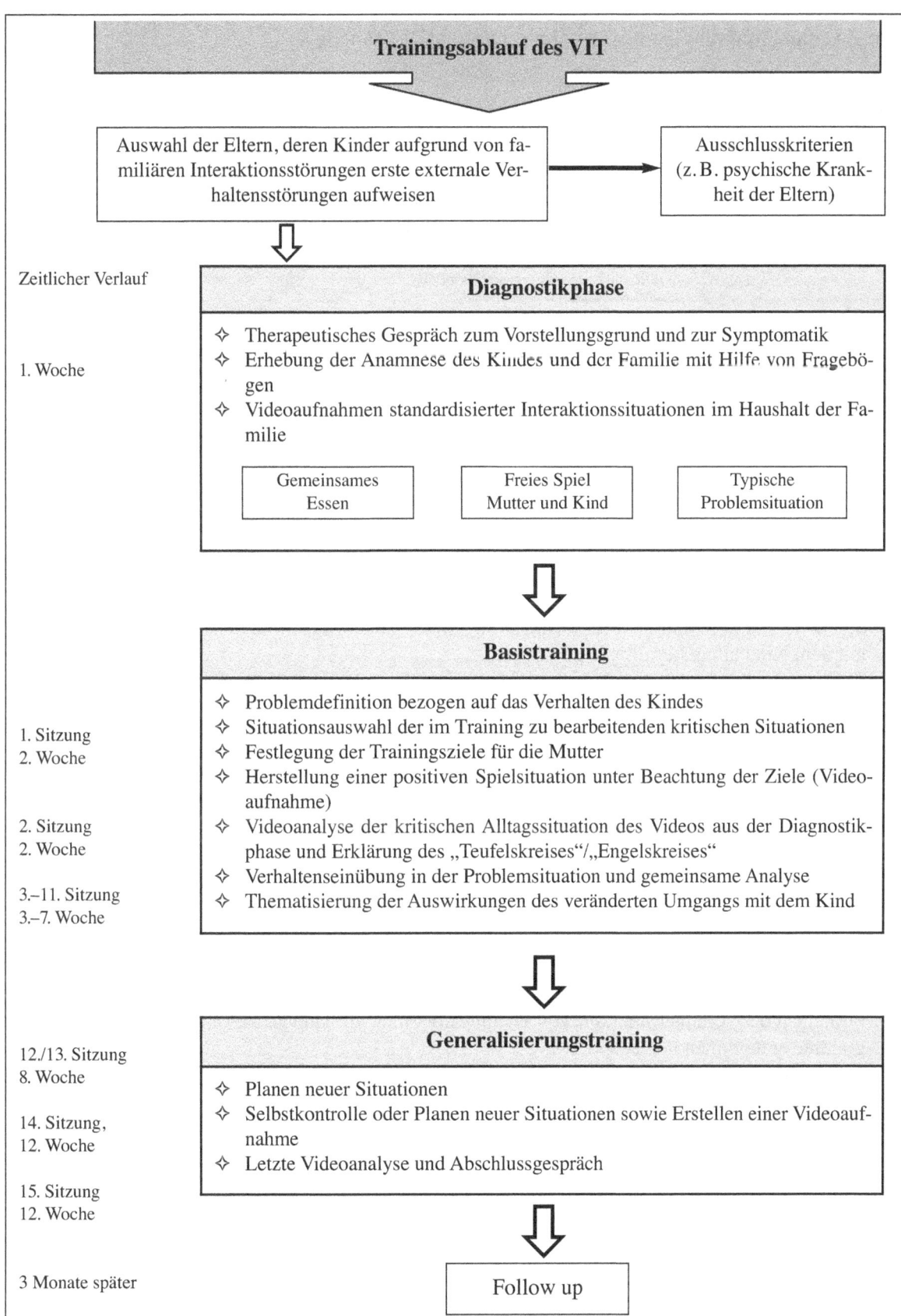

Abbildung 6: *Übersicht über den Gesamtablauf des VIT*

Eine Zusammenfassung zum VIT veranschaulicht die Tabelle 4.

Tabelle 4: *Zusammenfassung des VIT*

VIT Video-Interaktionstraining für Risikofamilien (Cordes, 2000)
Anliegen
✧ Unterstützung der Eltern im Aufbau einer gelingenden Beziehung zum Kind ✧ Verhinderung einer Manifestierung von sozialauffälligen und oppositionellen Verhaltensstörungen des Kindes ✧ Unterstützung der Eltern in der Entwicklung eines angemessenen entwicklungsfördernden Erziehungsverhaltens und Erlernen von konsequentem Erziehungsverhalten im Alltag
Ziele
✧ Erhöhung der Erziehungskompetenz der Eltern ✧ Reduzierung der Verhaltensprobleme des Kindes ✧ Verringerung der schwierigen Alltagssituationen ✧ Stabilisierung der Familie durch Veränderungen, um zukünftige alltägliche Problemsituationen mit dem Kind allein bewältigen zu können ✧ Training der Beobachtungsfähigkeit mit dem gezielten Ansetzen an den Ressourcen der Eltern
Indikation
bei frühen Regulations- und Interaktionsstörungen in der Mutter-Kind-Dyade und ersten externalen Verhaltensauffälligkeiten bei Kleinkindern
Theorie
✧ Lerntheorien (sozial-kognitive Theorie, operantes Konditionieren) ✧ Studien zur frühen Interaktion von Papousek ✧ Kommunikationsfördernde Prinzipien früher Mutter-Kind-Interaktionen ✧ Strategien der Verhaltenstherapie aus Trainingsmodulen vorhandener Elterntrainingsprogramme entnommen und adaptiert ✧ Selbstwirksamkeitstheorie (Lernen am eigenen Modell) ✧ Prinzip der positiven und negativen Verstärkung ✧ Räumliche und zeitliche Kontingenz ✧ Imitationslernen, Diskriminationslernen, Prinzip der Löschung ✧ Optimaler Übungs- und Generalisierungstransfer (Kreuzer & Räder, 1999)

VIT
Video-Interaktionstraining für Risikofamilien
(Cordes, 2000)

Zielgruppe	Methodisches Vorgehen
Familien mit Kleinkindern zwischen zwei und vier Jahren beim Vorliegen entwicklungsgefährdender psychosozialer Risikofaktoren und erster externaler Verhaltensauffälligkeiten	*Einzeltraining im Haushalt der Familie* ✧ Individuelle Abstimmung der Ziele mit Orientierung an den individuellen Problemsituationen in der Eltern-Kind-Interaktion ✧ Gemeinsame Analyse der Videoaufnahmen der Eltern-Kind-Interaktionen als zentrale Trainingsmethode ✧ Positives Interaktionsverhalten der Eltern wird durch Trainer verstärkt ✧ Förderung der Basiskommunikation und Einübung verhaltenstherapeutischer Strategien zum Umgang mit Problemverhalten des Kindes ✧ Förderung von konsequentem Erziehungsverhalten durch praktische Einübung und unterstützende Schulung
Umfang	
Kurztraining 10–15 Stunden in 12 Wochen	*Therapeutisches Gespräch* *Hausaufgabenübungen und Beobachtungsprotokolle* Das VIT arbeitet mit dem Fokus auf der Eltern-Kind-Interaktion. Unter dem Einsatz von kommunikationsfördernden und verhaltenstherapeutischen Strategien werden die Eltern in der Wahrnehmung der Reaktionen des Kindes und in ihrem eigenen Verhalten geschult.

Trainingsablauf

Anamnese- und Diagnostikphase
unter Verwendung standardisierter Verfahren

Basistraining
Das Basistraining dient zum Aufbau der Basiskommunikation und zur Entwicklung von verhaltenstherapeutischen Strategien für den Umgang mit Problemverhalten. Innerhalb von elf Trainingseinheiten unter Einsatz der Videoanalyse erlernen die Eltern einen kindzentrierten Interaktionsstil.

Generalisierungstraining
Im vierstündigen Generalisierungstraining werden Strategien für weitere Problemsituationen geplant und besprochen. Das erlernte Verhalten wird durch kontinuierliche Übung gefestigt. Selbstkontrollmechanismen und Selbstinstruktionen werden erworben. Dieser Trainingsabschnitt endet mit der letzten Videoanalyse und dem Abschlussgespräch.

Follow up nach drei Monaten

VIT **Video-Interaktionstraining für Risikofamilien** (Cordes, 2000)
Konzeption
✧ Durchführung der Therapiemaßnahmen im Risikomilieu selbst zur besseren Erreichbarkeit der Familien ✧ Anwendung in der sekundären Prävention zur Vorbeugung von Verhaltensstörungen im Schulalter ✧ Videogestütztes Kurztraining für mehrfachbelastete Familien mit verhaltensauffälligen Kindern ✧ Mit Hilfe der Kombination aus förderlichen Interaktions- und Verhaltenstherapie-Strategien wird Ansatz an der familiären Interaktion gewonnen ✧ Eltern als Mediatoren in das Training einbezogen ✧ Besonders Risikofamilien werden angesprochen, damit Eltern so früh wie möglich darin geschult werden, schwieriges Verhalten ihres Kindes abzuwenden ✧ Für die Familie konkret schwierige Problemsituationen werden per Video aufgezeichnet und einige Tage später gemeinsam mit den Eltern analysiert
Evaluierung
✧ Erfolgskontrolle durch Selbsteinschätzung und Verhaltensbeurteilungsbogen im Vergleich vor und nach Abschluss des VIT sowie im Follow up machte deutlich, dass Mütter die Trainingsziele besser umsetzen konnten, sich das oppositionelle Verhalten des Kindes und die schwierigen Alltagssituationen reduzierten ✧ Überprüfung des Trainingserfolges anhand eines neu entwickelten und überprüften Beobachtungsprogramms zur Analyse der Eltern-Kind-Interaktionen und statistische Auswertung mit dem CAOS (Computer Aided Observation System) (Cordes, 2000, S. 195)

2.4   Münchner Trainingsmodell (MTM)

Das Münchner Trainingsmodell wurde 1973 von Paul Innerhofer am Max-Planck-Institut für Psychiatrie-Sozialpsychologie entwickelt (Innerhofer, 1977; Innerhofer & Warnke, 1980, S. 417). Es baute auf dem damaligen Forschungsstand zum Elterntraining der 1960er- und 1970er-Jahre auf. In den USA waren Elterntrainings bereits als erfolgreiche Therapiemethode etabliert. In Deutschland wurde mit dem MTM der „Grundstein für den elternzentrierten verhaltenstherapeutischen Behandlungsansatz" (Cordes, 2000, S. 104) gelegt. Das MTM kann den sekundär-präventiven Programmen zugeordnet werden und ist deutlich therapeutisch orientiert. Es kann „als Prototyp eines verhaltenstherapeutisch konzipierten Elterntrainings" (Kreuzer & Räder, 1999, S. 34) bezeichnet werden. Dieses Training wurde auf Basis von geläufigen Modellen der Verhaltenstherapie sowie der Praxiserfahrungen verschiedener Psychologen entwickelt.

Das MTM ist eine Methode, womit Eltern und Erzieher erzieherische Fertigkeiten und Erfahrungen gewinnen können, die für die Bewältigung von Erziehungsschwierigkeiten hilfreich sind. Es gründet auf systematischer Verhaltensbeobachtung, einer funktionellen Interpretation von Interaktionen und Ereignissen und es nutzt Prinzipien des Lernens, der Motivation und der Verhaltenstherapie. (Innerhofer & Warnke, 1980, S. 418)

Die Bedeutung der Eltern bei der Entstehung und der Veränderung von kindlichen Verhaltensstörungen rückte ins Zentrum der Aufmerksamkeit (Innerhofer, 1977, S. 1). Die spezifische Förderung erzieherischer Fähigkeiten und Fertigkeiten von Eltern im Sinne eines Trainings gewann an Bedeutung.

Das MTM setzt auf die motivationale Kraft des Spiels zur Veränderung des Erziehungsverhaltens. Das zugrundeliegende Denkmodell wird weitgehend in Abhängigkeit des menschlichen Verhaltens von Umweltreizen gesehen. Die Eltern sollen befähigt werden, das Verhalten des Kindes im Kontext von Umweltbedingungen zu betrachten. Durch das Erlernen von Prinzipien und Techniken der Verhaltenskontrolle soll ihnen beim Erwerb neuer Verhaltensmuster und bei der Lösung von Erziehungsproblemen geholfen werden.

Das MTM richtet sich an Eltern, die Erziehungsschwierigkeiten mit ihren Kindern im Schulalter haben. Die Arbeit mit den Eltern stellt eine Form der Behandlung von Verhaltensauffälligkeiten des Kindes über eine Veränderung der Umweltbedingungen sowie Veränderungen im Verhalten der Bezugspersonen dar (Innerhofer & Warnke, 1980, S. 417). Die Eltern werden im MTM befähigt, ihr Verhalten im Umgang mit dem Kind zukünftig bewusster und anhand von lerntheoretischen Kenntnissen zu steuern. Das Training zeichnet sich durch seine Einfachheit im Modell und der sparsamen Verwendung theoretischer Aussagen aus. Das Lernen in den szenischen Darstellungen basiert auf den beschriebenen Problemsituationen der Teilnehmer, was deren Mitarbeitsmotivation erhöhen soll. Eine Übertragung der neuen Kenntnisse und veränderten Sichtweisen in die häusliche Situation wird angestrebt. Speziell aufeinander aufbauende Übungen schulen die elterlichen Verhaltensweisen. Die Wissensvermittlung lerntheoretischer Erkenntnisse ist an konkretes, praktisches Einüben von erwünschten Verhaltensweisen geknüpft.

Das Trainingsmodell bezieht sich auf die Schulung einzelner Erziehungsstrategien, die im Zusammenhang mit dem beklagten Verhalten des Kindes stehen.

Um die Teilnahmebereitschaft am Elterntraining zu fördern und einer mangelnden Motivation der Eltern vorzubeugen, richtet sich das MTM an folgenden Kriterien aus:

◇ dem „Ersatz sprachlicher Instruktionen durch Rollenspiel", zur Vermeidung von Sprachproblemen mit Eltern aus der Unterschicht
◇ der „Durchführung des Trainings als Kompakttraining, um Zeitprobleme zu überwinden"
◇ der „Durchführung des Trainings in einer Gruppe", wobei gleichzeitig gegenseitiger Austausch, Anteilnahme und Unterstützung der Teilnehmer verfolgt wird
◇ der „Behandlung von nur ein bis zwei Problemen, um die Eltern nicht zu überfordern"
◇ der „Übertragung der Verantwortung für das Gelingen des Trainings an die Eltern, um das Selbstvertrauen und die Initiative zu stärken"
◇ dem „Ersatz theoretischer Erläuterungen durch anschauliche Demonstrationsexperimente, um die Eltern intellektuell nicht zu überfordern"

❖ dem „Ausschalten aller strafenden Momente während des Trainings und dem Aufbau von belohnenden Momenten" (Innerhofer, 1977, S. 7).

Das Training ist individuumszentriert aufgebaut und verlangt eine sorgfältige Vorbereitung und Durchführung. Zur Generalisierung des Trainingserfolges ist eine Nachbetreuung von entscheidender Bedeutung (Abbildung 7).

Die intensive Vorbereitungsphase dient zur Kontaktaufnahme und individuellen Informationserhebung der Familiensituationen und zur Motivation der Eltern für eine Zusammenarbeit. Die Informationsquellen sind: Erstgespräche, Hausbesuche, Interviews mit den Eltern und Dritten, mehrere direkte Beobachtungen der Interaktionen zwischen Eltern und Kind, Fragebogenerhebungen zur Erfassung der sozioökonomischen Bedingungen, der Kooperationsbereitschaft sowie der Einstellungen zum Kind. Die angefertigten Videoaufnahmen der Eltern im Umgang mit ihrem Kind werden mit Hilfe der Interaktionsanalyse ausgewertet. Sie dienen als Diagnostik- und Kontrollinstrument.

Anhand der individuellen familiären Anamnese werden die Elterngruppen zusammengestellt.

Die Trainingsphase der Elterngruppenarbeit findet in einem Block an vier Arbeitstagen in jeweils drei- bis vierstündigen Einheiten statt. Das Training wird von einem Trainer zusammen mit einem Co-Trainer geleitet. Die Teilnehmerzahl beschränkt sich auf vier Elternteile.

Auf der Basis der individuellen Problematiken verläuft das MTM nach einem inhaltlich aufeinander aufbauenden Kursprogramm unter Beachtung der gruppendynamischen Prozesse. Zum Einsatz kommen die verhaltenstherapeutischen Methoden des Modelllernens und des Verstärkungslernens in Verknüpfung mit Selbsterfahrung durch Rollenspiele, Feedback und Videoanalyse. Das gemeinsame Gespräch dient dem Verständnis, der Wissensvermittlung und Erläuterung lerntheoretischer Kontexte. Anhand von Problemkarten und schematischen Darstellungen werden die mit den Eltern erarbeiteten Erkenntnisse visualisiert und festgehalten.

In der Tabelle 5 wird abschließend eine Zusammenfassung zum Training gegeben.

Trainingsablauf des MTM

Vorbereitungsphase

Individuell mit den Familien	**Kontaktaufnahme und Informationserhebung**

Individuell mit den Familien

Interaktionsanalyse

Gruppenzusammenstellung

Kontaktaufnahme und Informationserhebung
Motivation zur Zusammenarbeit
Analyse des Datenmaterials

❖ Verhaltensbeobachtung mit Videoaufzeichnung von Eltern und Kind zur Interaktionsanalyse im Haushalt und im Labor
❖ Hausbesuche
❖ Interviews
❖ Fremdanamnese (z. B. Lehrer, Erzieher)
❖ Fragebogen zur Erfassung sozioökonomischer Bedingungen und Einstellungen der Eltern zum Kind

Trainingsphase der Elterngruppenarbeitning

Erster Arbeitstag: Schulung der Wahrnehmung
Lernen, das Kind in der Auseinandersetzung mit seiner Umwelt zu sehen

Zweiter Arbeitstag: Schulung des Verstehens
Lernen, das Verhalten des Kindes in Abhängigkeit von seiner Umwelt zu verstehen

Dritter Arbeitstag: Förderung der Lenkung
Lernen, das Kind durch Setzen von Konsequenzen zu lenken

Vierter Arbeitstag: Vorbeugende Umstrukturierung
Lernen, Schwierigkeiten durch angemessene Hilfestellung und durch eine geschickte Umstrukturierung der erzieherischen Situation vorzubeugen

Nachbetreuungsphase

❖ Wiederholung der Trainingsabschnitte in vier dreistündigen Elternabenden mit beiden Elternteilen
❖ Einzelgespräch

Evaluation der individuellen Trainings erfolgte durch Interaktionsanalyse des Eltern-Kind-Verhaltens

Abbildung 7: *Trainingsablauf des MTM (in Anlehnung an: Innerhofer, 1977, S. 11; Innerhofer & Warnke, 1980)*

Tabelle 5: *Zusammenfassung des MTM*

MTM **Münchner Trainingsmodell** (Innerhofer, 1977)
Anliegen
Behandlung des erziehungsschwierigen Kindes über eine Veränderung der Umweltbedingungen und im Verhalten seiner Bezugspersonen (Innerhofer & Warnke, 1980)
Ziele
Vermittlung erzieherischer Fertigkeiten zur Bewältigung von Erziehungsschwierigkeiten
Indikation
Änderung von Verhaltensweisen der Bezugspersonen, die unmittelbar mit beklagtem Verhalten des Kindes im Zusammenhang stehen; dabei werden nur zwei bis drei Probleme in einem Training bearbeitet.
Theorie
✧ Nutzung der Prinzipien des Lernens, der Motivation und der Verhaltenstherapie ✧ Selbsterfahrung ✧ Systematische Verhaltensbeobachtung ✧ Funktionelle Interpretation von Interaktionen und Ereignissen (Innerhofer & Warnke, 1980)

Zielgruppe	**Methodisches Vorgehen**
Eltern verhaltensgestörter Kinder im Schulalter	✧ Gruppentraining ✧ Interaktionsanalyse ✧ Systematische Verhaltensbeobachtung ✧ Funktionelle Interpretation von Interaktionen und Ereignissen ✧ Rollenspiele ✧ Auswertung der Beobachtungen aus den Rollenspielen ✧ Suchen von Lösungen für konkrete Problemsituationen mit erneutem Ausprobieren im Rollenspiel ✧ Günstigste der gefundenen Lösungen wird erneut im Rollenspiel getestet
Umfang	
Blockseminar an vier halben Tagen von jeweils drei bis vier Stunden	

Trainingsablauf
Gruppen von je vier Elternpaaren (Ehepaare werden in unterschiedliche Gruppen eingeteilt) Einübung der gewünschten Verhaltensmuster mit der Bezugsperson

MTM **Münchner Trainingsmodell** (Innerhofer, 1977)
Evaluierung
✧ Motivierend für die Mitarbeit der Eltern waren: sorgfältige Vorbereitung und Verhaltensanalyse, die individuelle Intervention an den Bedürfnissen der Familien orientiert, das didaktische Konzept der Lernreihe durch Selbsterfahrung ✧ Kurzes Kompakttraining in einer Elterngruppe nutzte die positiven Effekte der Gruppendynamik ✧ Erfolg des MTM ergab sich aus der intensiven Vorbereitung, der Konzentration und der Arbeit an ein bis zwei familiären Problembereichen und der Nachbetreuung ✧ Gezielte Veränderung des kritischen Verhaltens, v. a. wenn Veränderung definiertes Trainingsziel der Mütter war (Innerhofer & Warnke, 1980, S. 429) ✧ Teilweise verzögertes Einsetzen der Trainingsziele (Innerhofer, 1977)

2.5 Eltern-AG

Die Eltern-AG ist ein selektives primärpräventives Elterntraining zur Steigerung der elterlichen Erziehungskompetenzen im Bereich früher Erziehung und Bildung für Menschen in der Familienplanungsphase oder Eltern mit Kindern im Vorschulalter, Eltern, die in sozialer Benachteiligung leben, als bildungsfern einzustufen sind, und/oder Eltern, die aus Ländern mit schwierigen sozioökonomischen und politischen Verhältnissen stammen (Migrationshintergrund).

Das Programm wurde unter der Leitung von Prof. Dr. Meinrad Armbruster entwickelt und ist ein Programm der MAPP Empowerment GmbH (Magdeburger Akademie für Praxisorientierte Psychologie) – ein anerkannter Träger der Kinder- und Jugendhilfe.

Die Eltern-AG bietet eine Philosophie und ein Menschenbild der gesellschaftlichen Teilhabe der Wohlstands- und Modernisierungsverlierer und arbeitet mit der neuartigen Methode des Empowerments (Armbruster, 2006). Das Programm ist überall dort nutzbar, wo professionelle Helfer aus dem psychologischen, pädagogischen und sozialarbeiterischen Bereich arbeiten und mit so genannten schwierigen Eltern zu tun haben, die „es eigentlich am nötigsten hätten, die aber am wenigsten ansprechbar sind" (ebd., S. 17). Das Programm ist charakterisiert durch die Qualitätsmerkmale der Niedrigschwelligkeit, der Ressourcenorientiertheit und der homogenen Gruppenzusammensetzung. Es verhilft dazu, eine konstruktive Elternarbeit aufzubauen.

Die theoretischen Grundlagen des Trainings lassen sich aus dem bedürfnistheoretischen Theoriemodell von Epstein (1990, 1993) und aus dem konsistenztheoretischen Modell des psychischen Geschehens (Grawe, 2004, S. 235), modifiziert von Armbruster (2006), herleiten. Es wird davon ausgegangen, dass Menschen mit sozialer Benachteiligung an der Befriedigung ihrer essentiellen Bedürfnisse gehindert sind, so dass sie nicht in der Lage sind, die Grundbedürfnisse ihrer eigenen Kinder angemessen wahrzunehmen und zu befriedigen. Die ELTERN-AG zielt in 20 Sitzungen auf die Schulung der Früherziehungskompetenzen und die Stärkung der Selbsthilfepotentiale von Eltern durch Empowerment ab. (Sodtke & Armbruster, 2007, S. 707)

Das Programm „zeichnet sich durch eine sehr konsequente Umsetzung der Qualitätsmerkmale Niedrigschwelligkeit, Empowerment- und Ressourcenorientierung aus" (Armbruster, 2006, S. 26). Es wird den Jugendämtern schwerpunktmäßig angeboten und ist kostenlos. Es ist beabsichtigt, die Eltern-AG als Regelangebot der Jugendämter zu etablieren (ebd., S. 242).

Die Ergebnisse der dreijährigen wissenschaftlichen Begleitforschung zeigen, dass sich die teilnehmenden Eltern als gestärkt im Umgang mit ihren Kindern erleben, insgesamt die Beziehung zu ihren Kindern positiver einschätzen und sich sicherer im Umgang mit Problemen fühlen, die im Zusammenhang mit ihren Kinder auftreten. Der Wandel, den die Eltern während des Kurses an sich wahrnehmen, fällt sowohl den Mentoren als auch professionellen Multiplikatoren auf und wird als positive Veränderung bestätigt. (Sodtke & Armbruster, 2007, S. 707f.)

Die Mentoren stammen in der Regel aus akademischen Sozial- und Gesundheitsberufen (Sozialarbeiter, Psychologen und Pädagogen) und verfügen über einschlägige Berufserfahrungen. Sie absolvieren eine neunmonatige „Zusatzausbildung in früher Bildung und Erziehung". In dieser werden Grundfähigkeiten wie Empowerment, Kommunikationsverhalten auf gleicher Augenhöhe und proaktives Handeln eingeübt. Die Mentorenvariablen „sind gekennzeichnet durch empathisches Moderieren, vollständiges und bedingungsfreies Akzeptieren und Echtheit" (Armbruster, 2006, S. 27).

Basierend auf den Eltern-AG-Gruppenregeln:

✧ Freiwilligkeit
✧ Respekt
✧ Vertraulichkeit
✧ Gruppenthema „Erziehung" (Kindzentrierung)
✧ Gleiches Recht für alle
✧ Gegenseitige Unterstützung
✧ Positive Ansprache – Verzicht auf Abwertung und Etikettisierung sowie
✧ Verselbstständigung der Gruppe

ist für die Durchführung der Treffen ein Klima des Wohlfühlens oberstes Gebot.

Dafür tragen die Mentoren durch ihre eigene, in die Gruppe getragene, Haltung Sorge.

Durch das Rollenmodell der Mentoren auf der Basis des Empowerments wird ein Diskurs auf Augenhöhe und impliziertes Lernen ermöglicht.

Merkmale des Eltern-AG-Trainings sind:

✧ Verstörung und Erweiterung des Möglichkeitsraumes
✧ Learning by doing und eigene Autorenschaft sowie

❖ Eigenverantwortlichkeit.

Die Gruppenmitglieder werden in ihrer Bereitschaft zur Wahrnehmungs- und Verhaltensver-
änderung im geschützten Rahmen der Gruppe angeregt. Bedeutungsänderungen in der Person
(eines Elternteils) können zu Verstörungen führen (der systemischen Therapie angelehnt),
welche wiederum Erweiterungen des Möglichkeitsspielraums bewirken können.

So können die Eltern innerhalb der homogenen Gruppe jeweils eigene angepasste Problemlösungen finden, „…, die sich in Inhalt und Form von Problemlösungen von Mittelschichteltern unterscheiden. ‚Risiko'-Eltern sind gleichermaßen wie Mittelschichteltern
selbstverantwortlich und haben die Autorenschaft für ihr Erziehungshandeln" (ebd., S. 30).

Das Programm (Abbildung 8) gliedert sich in zwei Teile. In die Vorlaufphase mit einer
Dauer von ca. sechs Wochen machen zwei Mentoren zur Ausforschung relevanter sozialer Institutionen in der Region, welche Kenntnis der lokalen Bevölkerungsgruppen haben, sich
diese mit dem Programm bekannt und stellen eine Kooperation her. Im Anschluss werden mit
Hilfe der Institutionen akquirierte potenzielle Eltern angesprochen, um ihnen aufgrund negativer Erfahrungen mit Ämtern und Behörden den Zugang zu erleichtern und mit Hilfe von originellen Werbemaßnahmen die Neugierde und Lust der Eltern zur Teilnahme am Programm
zu wecken.

Im zweiten Teil, beginnend mit der Initialphase mit einem Umfang von zehn Stunden, star-
tet die Arbeit mit den Eltern. Hier liegt der Fokus auf der Konsolidierung der Mitglieder der
Gruppe im Sinne der Förderung der Gruppenidentität, der Bildung geregelter Gruppenabläufe
und der Bearbeitung von Erziehungs- und Gruppenregeln, in denen die Mentoren als rahmen-
und strukturgebende Begleiter fungieren.

In der Konsolidierungsphase von der 11. bis 20. Stunde werden die Mitglieder der Gruppe
nach und nach befähigt, die Treffen in bewährter Weise nach dem Vorbild der Stunden eins bis
zehn zu gestalten und Verantwortung zu übernehmen. Dies dient der Vorbereitung auf eigene
Treffen nach Absolvierung der regulären Eltern-AG-Sitzungen.

Nach Beendigung des 20-stündigen Programms erstellen die Mentoren einen Abschluss-
bericht, in dem Angaben zu Ort, Teilnehmerzahl, Verlauf, Ergebnisse, Reflexion und Empfeh-
lungen, Hinweise bzgl. Nachhaltigkeit, Vernetzungsaspekte sowie Anschlussaktivitäten doku-
mentiert werden.

Die Vorteile dieses Programms (Tabelle 6) liegen in der niedrigen Zugangsschwelle für
teilnehmende Eltern. Es lässt sich flexibel anpassen und wendet sich ausschließlich an Menschen, die sozial benachteiligt, bildungsfern oder Migranten sind, um dem Grundsatz der Ho-
mogenität Rechnung zu tragen. Nachweislich ist es für die Teilnehmer leicht umsetzbar und
erzielt langfristige Effekte. Aufgrund des Trainingsaufbaus kann der Nachhaltigkeit bedeu-
tend Beachtung geschenkt werden. Die Eltern werden befähigt, durch Selbsthilfe in den etablierten Gruppen das Gelernte fortzusetzen sowie weiter im Austausch mit teilnehmenden Eltern und Mentoren zu bleiben.

	Trainingsablauf der Eltern-AG
Zeitlicher Verlauf ca. 6 Wo. **Schritt 1**	**Vorlaufphase**
	◇ Akquise von „benachteiligten" Eltern (Bildungsferne, soz. Benachteiligung, Migrationshintergrund) durch zwei Mentoren der Eltern-AG
	◇ Gespräche/Kooperation mit relevanten sozialen Institutionen im Stadtteil/in der Region
	◇ Ansprechen potentieller Adressaten „vor Ort"
Schritt 2	◇ Konstitution der Elterngruppe (zehn Eltern)
	◇ Klären organisatorischer Fragen (Ort, Kinderbetreuung)

	Gruppentreffen (20 Sitzungen; je zwei Stunden à 45 min/Woche)
	◇ Vorbereitung und Leitung durch zwei Mentoren (Frau und Mann) als Modell zur Mutter- und Vateridentifikation in der Rolle von Begleitern auf Augenhöhe
	◇ Struktur und Kernelemente der Sitzungen 1–20
	Kognition → „Schlaue Eltern"
	Stressmanagement → „Relax"
	Soziales Lernen in der Gruppe → „Mein aufregender Elternalltag"
7.–16. Woche **Sitzung 1–10**	**Initialphase**
	◇ Herausbildung von geregelten Gruppenabläufen
	◇ Bearbeitung der Erziehungs- und Gruppenregeln
	◇ Förderung einer Gruppenidentität
	◇ Inhaltliche Orientierung an den Interessen und Bedürfnissen der Eltern
17.–26. Woche **Sitzung 11–20**	**Konsolidierungsphase**
	◇ Bei gleicher Struktur zunehmende Übernahme der Gestaltung der Treffen durch die Eltern selbst
	◇ Damit intentionierte Verantwortungsübernahme der Eltern für die Gruppe zur selbstständigen Weiterführung nach dem Training
	◇ Anwendung der Erfahrungen aus den Sitzungen 1–10

	Abschluss der Sitzungen
	Zertifikat „Elternführerschein der Eltern AG"
	◇ Urkunde bei Teilnahme an mindestens zehn Sitzungen
Nach 20 regulären Elterntreffen	**„Schatzkiste"**
	◇ Tipps und Tricks, Fotos, Bilder und Zeichnungen, Ausarbeitungen der Gruppe
	Abschlussbericht
	◇ Dokumentation zu Ort, Teilnehmerzahl, Verlauf, Ergebnisse, Reflexion und Empfehlungen, Hinweise in Bezug auf Nachhaltigkeit, Vernetzungsaspekte und Anschlussaktivitäten an die Maßnahme

Abbildung 8: *Übersicht über den Gesamtablauf der Eltern-AG*
(modifiziert nach Armbruster, 2006)

Tabelle 6: *Zusammenfassung der Eltern-AG*

Eltern-AG **Präventionsprogramm zur Steigerung der elterlichen Erziehungskompetenz im Bereich früher Erziehung und Bildung** (Armbruster, 2006)
Anliegen
✧ Verbesserung elterlicher Erziehungspraktiken ✧ Stärkung kindlicher Resilienz ✧ Verminderung erziehungsrelevanter Risikofaktoren ✧ Stärkung sozialer Schutzfaktoren
Ziele
Angemessenes und konsequentes Umsetzen weniger und einfacher Erziehungsgrundsätze, mit Hilfe der „Sechs goldenen Erziehungsregeln": 1. Respekt vor dem Kind 3. Förderung und Ansprechbarkeit 3. Konsequenz und Grenzen setzen 4. Verstärkung des gewünschten Verhaltens 5. Ignorieren des unerwünschten Verhaltens 6. Konstruktives Austragen von Konflikten und gewaltfreie Erziehung
Indikation
✧ Defizitäre Entwicklungsparameter (kognitive Entwicklung, Körpermotorik, Handmotorik, Emotion, Sozialentwicklung, Sprachentwicklung) der Kinder von Eltern (werdende Eltern, mit Kindern im Krippen-, Kindergarten- und Schuleintrittsalter) in besonders schwierigen Lebenslagen, welche mit konventionellen Angeboten nicht erreicht werden (sozialer Abstieg, Arbeitslosigkeit, Sozialhilfe, Migration, gesundheitliche und seelische Probleme) ✧ Hilfe zur Erhöhung der Partizipationsfähigkeit der Eltern ✧ Überwindung unzureichender Erziehungskompetenz
Theorie
✧ Integration aktueller Erkenntnisse der Neurowissenschaften, Entwicklungspsychologie und Pädagogik bzgl. der Bedeutung der frühen Kindheit ✧ Wissenschaftliche Prinzipien, geleitet durch Entwicklungsorientierung, Ressourcen- und Empowerment-Ansatz

Eltern-AG Präventionsprogramm zur Steigerung der elterlichen Erziehungskompetenz im Bereich früher Erziehung und Bildung (Armbruster, 2006)	
Zielgruppe	**Methodisches Vorgehen**
✧ Eltern in schwierigen Lebenslagen (Armut, Zuwanderung, chronische Lebensbelastungen) von der Schwangerschaft bis ins Schulalter der Kinder ✧ Eltern mit negativen Erfahrungen im Schul- und Ausbildungsbereich, Migranten und Menschen in besonderen Lebenslagen, die konventionellen Angeboten eher ablehnend gegenüberstehen	✧ Zwei ausgebildete Kursleiter organisieren/moderieren die homogenen Elterngruppen ✧ Treffen von acht bis zwölf Teilnehmern ✧ Erfahrungsaustausch und die Themen Familie und Erziehung stehen immer im Mittelpunkt ✧ Ohne festgelegtes Curriculum, Eltern bestimmen grundsätzlich die Themen, lediglich Struktur der Treffen steht fest ✧ Bei Bedarf wird Kinderbetreuung angeboten
Umfang	
Elternkurs mit 20 wöchentlichen Treffen à zwei Stunden ✧ Stunde 1–10 mit Mentoren ✧ Stunde 11–20 Verselbstständigung in der Kleingruppe	Jedes Treffen unter konkret individuellen Erziehungsfragen und durchgehender Einbeziehung der Eltern: 1. Wissensaspekte der Erziehung 2. Wohlfühlpause 3. Erfahrung mit Entspannung und Stressabbau
Trainingsablauf	
Vorlaufphase ✧ Werbung der Eltern zur Teilnahme an der Eltern-AG **Abschlussbericht der Mentoren** (nach dem 20. Treffen) ✧ Angaben zu Ort, Teilnehmerzahl, Verlauf, Ergebnisse, Reflexion und Empfehlungen, Hinweise bzgl. Nachhaltigkeit, Vernetzungsaspekte und Anschlussaktivitäten an die Maßnahme	**Inititialphase** (Sitzung 1–10) Bausteine; jeweils mit drei Elementen ✧ Kognition – *schlaue Eltern* ✧ Stressmanagement – *Relax* ✧ Soziales Lernen in der Gruppe – *Mein aufregender Elternalltag* **Konsolidierungsphase** (Sitzung 11–20) ✧ Wie Sitzung 1–10 zusätzlich Verselbstständigung zur Vorbereitung auf eigene Treffen nach Abschluss
Evaluierung	
Hohe Wissenschaftlichkeit; empirische Evidenzbasierung, laufende Evaluation; wissenschaftliche Begleitforschung	

2.6   Kompetenztraining für Eltern sozial auffälliger Kinder (KES)

Das Kompetenztraining für Eltern sozial auffälliger Kinder ist eine sekundärpräventive, kurze und intensiv angelegte Interventionsmaßnahme mit einer Dauer von sieben Sitzungen. Es richtet sich an Eltern von Kindern im Alter zwischen fünf und elf Jahren mit expansiven Verhaltensauffälligkeiten zur Abwendung weiterer Fehlentwicklungen.

Dieses Training (Lauth & Heubeck, 2006) entstand über eine Zusammenarbeit Deutschland-Australien in einem personenbezogenen Projektaustausch, unterstützt durch den Deutschen Akademischen Austauschdienst (DAAD).

Das KES (Tabelle 7) wurde speziell für die Umgangsprobleme von Eltern und Kindern entwickelt. Es richtet sich an deutschsprachige Elternpaare und Alleinerziehende gleichermaßen. Das in der Regel ambulant angebotene Training setzt eine ausreichende Motivation zur regelmäßigen Teilnahme an den Sitzungen voraus. Zugleich erfordert das KES die Bereitschaft der Eltern zur Erledigung von Hausaufgaben und die Teilnahme an Rollenspielen. Nach dem multimodalen Ansatz der Therapie bei Kindern und Jugendlichen ist das KES als begleitendes Training zu anderen Interventionen oder Maßnahmen geeignet.

Das KES zeichnet sich durch einen hohen Bezug zur Praxis aus. Inhaltlich ist das Training auf einige grundlegende Themen fokussiert, in denen weniger theoretische und allgemeine Erziehungsansätze vermittelt werden, als dass sich die Eltern ihrer ganz eigenen spezifischen Erziehungs- und Alltagshindernisse bewusst werden und diese im Training positiv verändern lernen. Angelehnt an die in den Sitzungen vorstrukturierten Themen erhalten die teilnehmenden Eltern Impulse für individuelle direkt umsetzbare Erziehungsfertigkeiten. Wie diese neuen Anregungen im Alltag umgesetzt werden können, erproben und demonstrieren die Teilnehmer der Gruppe beispielsweise mit Hilfe von Rollenspielen anhand eigener Beispiele (Walg, 2011).

Dabei verfolgt das KES die sechs konkreten Ziele:

1. Aufzeigen und Reflexion individueller Schwierigkeiten in der Familie sowie die Fokussierung auf maximal drei schwierige Situationen, welche sich durch die Trainingsteilnahme vorrangig verändern sollen
2. Verbesserung der Eltern-Kind-Beziehung durch Vermittlung einer differenzierten Wahrnehmung des Kindes und durch Anleitung zu positiven Eltern-Kind-Interaktionen
3. Verbesserung schwieriger Standardsituationen (z.B. abendlicher Ablauf des Zubettgehens) durch Umstrukturierung zur Reduzierung des alltäglichen familiären Stresses und zur Vermeidung alltäglicher Eskalationen
4. Positivere Anleitung der Kinder durch ihre Eltern
5. Reduzierung der Belastungen und des Stressniveaus in der Familie
6. Entlastung durch familiäre Neustrukturierung, beispielsweise durch neue Aufgabenteilung unter Vater und Mutter oder durch das Erstellen eines persönlichen Hilfeplanes (ebd.).

Das Gruppentraining umfasst sechs Sitzungen und eine Auffrischsitzung von 180 Minuten Dauer inklusive 30 Minuten Pause. Die Sitzungen finden im wöchentlichen Abstand statt. Das Auffrischtraining schließt sich vier bis sechs Wochen nach der letzten Trainingseinheit an.

Die Sitzungen folgen dem gleichen Muster: Bekanntgabe der Tagesordnung, Auswertung der Wochenaufgabe sowie der therapeutischen Hausaufgabe, inhaltsspezifische Bausteine und Übungen, eigene Stärken finden, Wochenaufgabe zum nächsten Treffen festlegen (Lauth & Heubeck, 2006, S. 65).

Im Training (Abbildung 9) werden die folgenden vorstrukturierten Themen bearbeitet:

✧ Was soll sich ändern? Was kann so bleiben?

✧ Eine emotionale Basis haben – positive Spielzeit

✧ Eigene Gefühle und Gedanken wahrnehmen

✧ Abläufe ändern

✧ Durch Konsequenzen anleiten

✧ Effektive Aufforderungen stellen

✧ Auffrischungseinheit: Ein Blick zurück – auf dem Weg nach vorn.

Die Wirksamkeit des KES konnte in mehreren Einzelstudien nachgewiesen werden.

So konnte in Gegenüberstellung zu einer Vergleichsgruppe (alternativ angeleitete unspezifische Elterngruppe) eine Effektivität mittlerer Effektstärke gezeigt werden. Das auffällige Verhalten der Kinder und die Belastung der Eltern in familiären Standardsituationen nahmen ab. Durch die Trainingsteilnahme wurde in einigen Teilbereichen das familiäre Stressniveau gesenkt (Grimm & Mackowiak, 2006). In einer weiteren Einzelstudie untersuchten Lauth, Otte und Heubeck (2009) in 14 Erziehungsberatungsstellen mit deren Mitarbeitern und den teilnehmenden Eltern, ob sich das Programm ebenso unter „Feldbedingungen" als effektiv erweist. Das KES wurde in den Erziehungsberatungsstellen durchgeführt. Die teilnehmenden Eltern gaben eine signifikante Reduzierung der kindlichen Verhaltensauffälligkeiten und eine signifikante Reduzierung der elterlichen Belastung durch das Training an.

> Für anfangs hoch belastete Eltern zeigte sich eine deutlich höhere Effektstärke als für weniger belastete Eltern. Für die Reduzierung kindlicher ADHS-Symptomatik konnte allerdings kein bedeutsamer Effekt aufgezeigt werden. Insgesamt zeigt sich, dass eine Teilnahme am KES zu einer Reduzierung kindlicher Verhaltensauffälligkeiten in familiären Standardsituationen und zu einer Verringerung der elterlichen Stressbelastung führt. Diese Effekte sind deutlicher für hoch belastete Eltern und nachhaltiger bei einer Trainingsdurchführung mit ausführlichen Verhaltensübungen. (Walg, 2011, S. 57)

Die Tabelle 7 fasst das KES im Überblick zusammen.

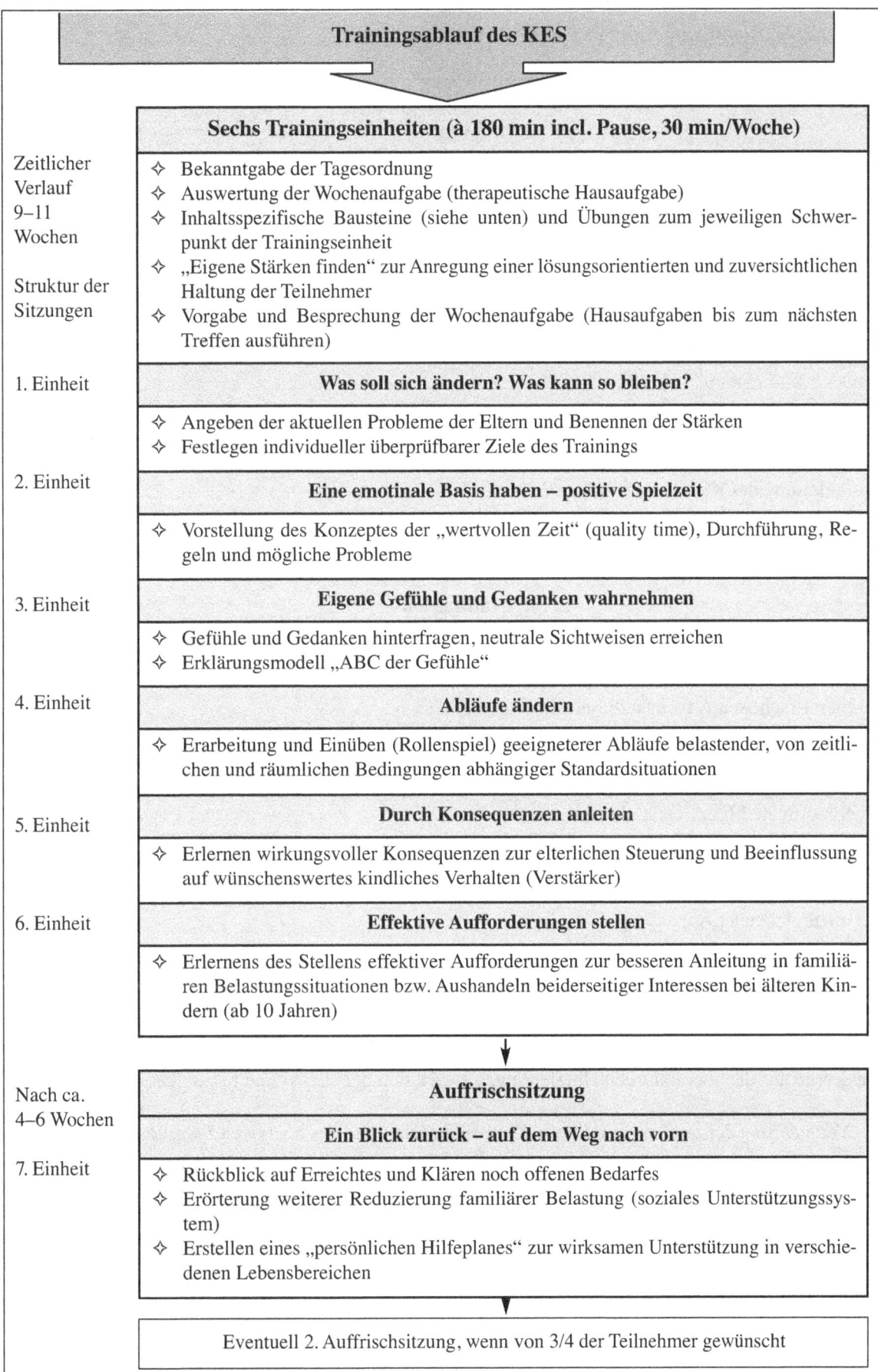

Abbildung 9: *Übersicht über den Gesamtablauf des KES*
(modifiziert nach Lauth & Heubeck, 2006)

Tabelle 7: *Zusammenfassung des KES*

KES
Kompetenztraining für Eltern sozial auffälliger Kinder (Lauth & Heubeck, 2006)

Anliegen
Eltern lernen an ihren Alltagssituationen die: ◇ Analyse eigener Erziehungsschwierigkeiten ◇ Entwicklung möglichst selbstständiger Lösungen

Ziele
Vermittlung unmittelbar nutzbarer Erziehungsfähigkeiten: ◇ Anbahnung einer positiven Eltern-Kind-Interaktion ◇ Lösung schwieriger familiärer Standardsituationen ◇ Anleitung des Kindes in positiver Weise ◇ Reduzierung von Belastungen in der Familie ◇ Verringerung des Stressniveaus in der Familie und familiäre Neustrukturierung

Indikation
Für Eltern sozialauffälliger Kinder im Alter von 5 bis 11 Jahren, die an einer hyperkinetischen Störung (F90), oppositionellem Trotzverhalten, einer Störung des Sozialverhaltens (F91) bzw. subklinischen Erscheinungsformen dieser Störungen leiden

Theorie
Übergeordnete Modellvorstellungen ◇ Biopsychosoziales Störungsmodell ◇ Beeinträchtigung der Zuwendung durch Stress und mangelnde Ressourcen ◇ Anpassung des Kindes an seine Umwelt (Goodness of fit), Polarität zwischen optimaler und unzureichender Anpassung Lern- und handlungstheoretische Prinzipien

Konzeption
Basierend auf den theoretischen Überlegungen ergibt sich der stress- und ressourcenorientierte Ansatz ◇ Veränderung der ungünstigen Eltern-Kind-Interaktion und des coersiven Familienklimas ◇ Unterstützung prosozialen Verhaltens des Kindes durch die Eltern ◇ Aufstellen von klaren Regeln und Forderungen durch die Eltern ◇ Regulierung der elterlichen Emotionen zur Vermeidung von Eskalationen bei Eltern und Kind ◇ Lenken des Kindes durch natürliche Konsequenzen Konzept der wertvollen Zeit à quality time zur Befriedigung der kindlichen Bedürfnisse

KES **Kompetenztraining für Eltern sozial auffälliger Kinder** (Lauth & Heubeck, 2006)	
Zielgruppe	**Methodisches Vorgehen**
Deutschsprachige motivierte Elternpaare und Alleinerziehende von sozial auffälligen Kindern im Alter von fünf bis elf Jahren	*Bearbeitung persönlich bedeutsamer Probleme durch*: ✧ Rollenspiele, Kleingruppenarbeit, Präsentation in der Gesamtgruppe, Lösungsversuche in der Elterngruppe ✧ Eingrenzung und Differenzierung der Probleme und Formulierung eines Trainingsziels ✧ Gruppendiskussionen, Vorträge, Handouts *Therapeutische Hausaufgaben, Durchführung von Verhaltensbeobachtungen, operante Verstärkung*
Umfang	
Gruppentraining (vier bis zehn Teilnehmer, bei zwei Trainern auch 12–14 Teilnehmer) Sechs Trainingseinheiten im Zeitraum von neun bis elf Wochen und eine Auffrischsitzung jeweils 180 min nach erneut vier bis sechs Wochen	
Trainingsablauf	
Sechs Einheiten/eine Auffrischeinheit: 1. Was soll sich ändern? Was kann so bleiben? 2. Eine emotionale Basis haben – positive Spielzeit 3. Eigene Gefühle und Gedanken wahrnehmen 4. Abläufe ändern 5. Durch Konsequenzen anleiten 6. Effektive Aufforderungen stellen 7. Auffrischungseinheit: Ein Blick zurück – auf dem Weg nach vorn	
Evaluierung	
Das KES wurde in vier Einzelstudien evaluiert, es hat sich in allen Studien als wirksam erwiesen.	

3 Entwicklung des EKST

In diesem Kapitel wird die Entwicklung des Eltern-Kind-Spiel-Trainings aufgezeigt. Ausgehend von der Bedeutung des Spiels in Therapie und Pädagogik wird das gemeinsame Spiel zwischen Eltern und Kind näher betrachtet. Im Vergleich mit einer Auswahl von vorhandenen Elterntrainings wird dann die Besonderheit des EKST herausgestellt. Mit den Grundannahmen zum EKST schließt dieses Kapitel ab.

3.1 Spiel in der Kindertherapie

Entwicklungspsychologisch steht das Spiel dem Menschen als Handlungsmuster zur Verfügung, um vorhandene Ressourcen für die eigene Entwicklung zu aktivieren. Die (Selbst-)Heilungskräfte im kindlichen Spiel (Zulliger, 1967) ermöglichen eine Problemlösung im Sinne der Selbstregulation und im ganzheitlichen Sinne für die Gesundwerdung. Zulliger (ebd., S. 66) fiel auf, „daß die Kinder in ihren freigewählten und selbsterfundenen Spielen regelmäßig ihre Konflikte darstellten und bearbeiteten."

Das Spielen ist eine fundamentale Handlungsmöglichkeit in der kindlichen Entwicklung und zugleich als vorderstes Ziel therapeutischen Bemühens zu bewerten, „... daß die Arbeit des Therapeuten dort, wo Spiel nicht möglich ist, darauf ausgerichtet ist, den Patienten aus einem Zustand, in dem er nicht spielen kann, in einen Zustand zu bringen, in dem er zu spielen imstande ist" (Winnicott, 1995, S. 49).

Erikson sah das Spiel als eine Form des kindlichen Experimentierens an, mit dessen Hilfe das Kind seine Umwelt erfährt und Konflikte bewältigt. „Das Spiel ist also eine Funktion des Ich, ein Versuch, die körperlichen und sozialen Prozesse mit dem Selbst in Einklang zu bringen" (Erikson, 1999, S. 206). So liegt es nahe, die Fähigkeit zu spielen, in allen erdenklichen Formen – allein, in der Gruppe und insbesondere zusammen mit den Eltern – zu üben. Damit wird nicht nur die Selbstheilungskompetenz des Kindes unterstützt. Ebenso kann die parentale Kompetenz, das heißt das Bewusstsein von parentaler Autonomie und Erziehungskompetenz der Bezugspersonen, gestärkt und die Eltern-Kind-Beziehung neu definiert werden. In diesem Sinne ist das Spielen in der Therapie Weg und Ziel in einem. Das Fehlen des Spielerischen wird gesehen als ein Zeichen von Stillstand, möglicherweise als ein Hinweis auf einen destruktiven Prozess. Das Vorhandensein von Spielerischem gilt jedenfalls als Hinweis auf Entwicklung, als ein „gesundes Zeichen für Individuum wie für Beziehungen" (Pleyer, 2002, S. 7).

Das Spiel ist für die kindliche Entwicklung von großer Bedeutung. Durch das Spiel finden intensive Austauschprozesse zwischen Kind und Umwelt statt. Im Spiel lassen sich spezifische Probleme bewältigen, z. B. spielen Kinder auch beängstigende Situationen und sehr stark durch Regeln eingeengte Handlungssequenzen nach. Über den Sinn des Spiels wird angenommen, dass es zur Abreaktion, Erholung, Einübung wichtiger Leistungen und zur Rekapitulation dienlich ist. Für das Spiel ist kennzeichnend, dass es dem Selbstzweck dient. Die

Handlung findet um der Handlung willen statt. lm Spiel können Kinder eigene Realitäten „konstruieren", wobei sie sich sprachlich oder nonverbal auf den Spielrahmen einigen müssen. Spielhandlungen haben Ritualcharakter, was bedeutet, dass sie einen festgelegten Ablauf haben und stärker als normale Handlungen ausgeprägt sind (Oerter, 2008, S. 237).

Anna Freud entwickelte anstelle der Assoziationsmethode eine Spieltechnik, indem sie das Kind nach freier Wahl längere Zeit spielen ließ und den symbolischen Gehalt, den Sinn der Spiele, nach dem Sammeln von weitläufigem Material gedeutet hat (Zulliger, 1967, S. 67).

> Dagegen musste ich zeigen, daß das Kind nicht geneigt ist, sich auf freies Assoziieren einzulassen. Und uns durch diese Weigerung nötigt, einen Ersatz für dieses wichtigste Hilfsmittel der Erwachsenenanalyse zu suchen (...) Spieltechnik hat ohne Zweifel den größten Wert für die Beobachtung des Kindes. Statt das kleine Kind mühsam und mit Zeitverlust in seine häusliche Umgebung zu verfolgen, versetzen wir die ganze ihm bekannte Welt mit einem Schlage in das Zimmer der Analytikerin und lassen das Kind, unter den Augen der Analytikerin, aber vorläufig ohne ihre Einmengung, sich in ihr bewegen. (Freud, 1929, S. 46)

Melanie Klein begann sofort mit dem Deuten, „sobald man etwas erkennt", und begründete ihre Technik damit, dass man sich mit ihr „mit dem Unbewussten des Patienten direkt in Verbindung setzen" könne (Zulliger, 1967, S. 64).

„Die von mir ausgearbeitete Technik der Spielanalyse baut sich auf den Besonderheiten des kindlichen Seelenlebens auf. Das Kind bringt durch das Spiel Phantasien, Wünsche, Erlebnisse in symbolischer Weise zur Darstellung" (Klein, 1932, S. 19).

Auch Axline (1997) versuchte über das Spiel an die Gefühle und Bewertungen des Kindes zu kommen, um so Veränderung zu bewirken. Jedoch blieb das Problem bestehen, beim Kind Bewusstheit zu schaffen. Als einer der Ersten machte Zulliger die Erfahrung, dass sich Kinder auch ohne Deutung, nur durch die Spielhandlung verändern. Der Schlüssel ist die Logik des Kindes, gefangen im Spiel und seinen Symbolisierungen (Zulliger, 1967). Dies gab erste Hinweise darauf, dass kindliche Veränderungen aus dem Spiel heraus auf Realebene unbewusst umbewertet werden. Umstritten ist auch hier noch die Frage der therapeutischen Einflussnahme im Spiel (Kaatz, 1998).

Das Spiel ist eine kindgerechte Zugangsform zum Erleben des Kindes. Die Spieltherapie ist ein sehr erfolgreiches Verfahren zum Abbau kindlicher Verhaltensstörungen, zur Verbesserung von Kompetenzen und zur Selbstverwirklichung. Kinder haben hier Gelegenheit, ihre Gefühle und Konflikte in Analogie zu Jugendlichen und Erwachsenen „auszuspielen", welche in der Therapie über ihre Schwierigkeiten sprechen. Bedeutsam sind hier die Freisetzung von Ärger, Wut, Spaß und Trauer. lm Spiel können belastende Situationen intensiv nacherlebt werden, in denen Bedürfnisse nach Nähe, Achtung und Unterstützung nicht erfüllt wurden. Die Therapie fördert die Zunahme von Eigeninitiative, eigenen Problemlösungen und selbstexplorativen Verhaltens. Das Spiel ist ein natürliches Mittel zur Selbstdarstellung der Kinder. In der Spieltherapie können Kinder ihre kindlichen Verhaltensstörungen abbauen, individuelle und soziale Kompetenzen verbessern, differenzierte Handlungsschemata zur Bewältigung schwieriger persönlicher und sozialer Situationen erwerben und frustrierende Situationen nacherleben (ebd., S. 364).

Aufgrund der kognitiven Entwicklung ist die bewusste Reflexion bei Kindern deutlich geringer ausgeprägt als bei Erwachsenen. Dies ist ein Dilemma der Kindertherapeuten.

> Wie also lassen sich bei Kindern unter Berücksichtigung ihrer entwicklungspsychologischen Bedingungen Veränderungen bewirken? Der Grundgedanke war einfach: wenn Spiel die Sprache des Kindes ist, das Medium, in dem sich Kinder differenziert ausdrücken und zeigen, dann muss auch der Weg der Veränderung über dieses Medium gehen. (Kaatz, 1998, S. 357)

Das Spiel von Kindern ist durch folgende Wesensmerkmale gekennzeichnet (Goetze, 2002):

✧ Positiver Affekt und Freude
✧ Freiwilligkeit, Selbstkontrolle, intrinsische Motivation
✧ Aktivität, Engagement
✧ Flexibilität, Variation
✧ Prozessorientierung
✧ „Quasi-Realität".

Wir unterscheiden je nach Lebensalter die folgenden Spielformen:
✧ das Funktionsspiel (Freude an Körperbewegung und Gegenständen im 1. und 2. Lebensjahr)
✧ das Informationsspiel (Erkundung und Untersuchen von Gegenständen auf Funktion und Beschaffenheit ab 9. Monat)
✧ das Konstruktionsspiel (Benutzen von Gegenständen zur Herstellung eines Zielgegenstandes)
✧ das Symbolspiel (eigentliche kindliche Spielform, Spielgegenstand und auf ihn bezogenes Handeln werden nach eigenen Wunsch- und Zielvorstellungen umgedeutet im 2. Lebensjahr)
✧ das Rollenspiel (fiktive Rollenübernahme, erfordert höhere soziale und kognitive Kompetenz; ab 3. und 4. Lebensjahr)
✧ das Regelspiel (Agieren nach festgesetzten Regeln, erfordert spezifisches Wissen; Ende Kindergartenalter 6 bis 7 Jahre).

Unabhängig von der therapeutischen Schule (tiefenpsychologisch: z. B. über Test- und Analyseverfahren, Kinderzeichnungen, Geschichten, Märchen; humanistisch: nondirektive, klienten- und personenzentrierte Verfahren; Verhaltenstherapie: behavioral-kognitive Verfahren und systemische Verfahren: Familientherapie) findet das Spiel in der Arbeit mit Kindern in allen therapeutischen sowie pädagogischen Arbeitsfeldern Verwendung, um Kindern Entwicklungsimpulse zu vermitteln.

So zeigt sich in der psychotherapeutischen Spieltherapie mit Kindern und Jugendlichen eine Bandbreite von Wirksamkeitseffekten. Diese setzt an den Besonderheiten des kindlichen Wesens an und bringt darüber Transformationsprozesse im Beziehungsgeschehen und den Heilungsprozess in Gang. Eine psychotherapeutische Arbeit mit Kindern und Jugendlichen ist dabei nicht losgelöst von seinem familiären Bezugssystem möglich.

3.2   Das Eltern-Kind-Spiel

Das Eltern-Kind-Spiel-Training nutzt das Spiel als Medium der Kontaktherstellung und Auseinandersetzung zwischen Mutter, Vater und Kind. Es wird an der natürlichen Spielbegeisterung als dominierendes Phänomen kindlicher Erlebniswelt angesetzt, die bis ins Erwachsenenalter fortbesteht. Spiel entspringt dem kindlichen Erkundungs- und Explorationsverhalten. Es fördert kognitive, emotionale und soziale Entwicklung. Kinder lernen über das Spiel das Leben begreifen, Handlungen einzuüben, Eindrücke zu verarbeiten und Gefühle auszudrücken.

Flitner (1986, S. 107) vertritt die Auffassung, dass das freie Spielen die ursprüngliche Neigung und die spontane Fähigkeit von Kindern darstellt. Es ist in fast allen Situationen zu beobachten. „Kinderspiel ist eine auffällige Erscheinung aller Zeiten und aller Kulturen" (ebd., S. 13). Spiel findet sich in der Kunst und Literatur wieder. Es wird nicht nur geduldet, sondern in seiner Erscheinung unterstützt. In den Ausführungen von Heckhausen (1964) sind der wesentliche Bestandteil und zugleich die Triebkraft des Spiels in dem Aktivierungszirkel zwischen lustvoller An- und Entspannung zu sehen.

Forschungen von Gump, Schoggen und Redl (vgl. Flitner, 1986, S. 37) belegen, dass „Kinder, wenn ihnen Gelegenheit dazu geboten wird, offenbar gern mit Erwachsenen zusammen spielen und tätig sind, wenn nicht bestimmte Rollen und Abhängigkeiten festgelegt, sondern partnerschaftliche Sozialbeziehungen angeboten werden." Ein spielpädagogischer Umgang wird es dann, „wenn Erwachsene versuchen, die Selbstwerdung des Kindes ein Stück weiterzubringen, dem Kind eine selbständigere Entscheidung zuzumuten oder es zu mehr eigner Entscheidungsfähigkeit und selbstbestimmten Spielaktivitäten zu ermutigen" (Heimlich, 2001, S. 12). Das Spiel zwischen Eltern und ihren Kindern sollte zu einem wesentlichen Element im Leben der Familie gehören (ebd., S. 64).

3.3   Unterschied zu anderen Elterntrainings

Die Mehrzahl der wissenschaftlich untersuchten Elterntrainingsprogramme richtet sich im Großen und Ganzen an Eltern mit jüngeren Kindern im Vorschulalter bis zum jüngeren Grundschulalter (Cordes, 2000). Eine möglichst frühe Intervention bei ersten kindlichen Verhaltensauffälligkeiten ist sehr bedeutsam. Unter dem präventiven Aspekt der gezielten elterlichen Instruktion hinsichtlich effizienter Erziehungsstrategien werden kindliche Fehlentwicklungen und Verhaltensstörungen darüber möglichst frühzeitig zu vermeiden versucht. In diesen Bereich entstanden größtenteils verhaltenstherapeutisch orientierte Elternprogramme, die Eltern einerseits über wesentliche kindliche Entwicklungsbesonderheiten aufklären und andererseits ihnen praktisches Erziehungsverhalten vermitteln bzw. direkt trainieren (Triple P® nach Sanders). Der Unterschied in der Arbeit mit Eltern von jüngeren Kindern ist darin zu sehen, dass die Verhaltensauffälligkeiten direkt beobachtbar und durch gezielte Strategien der Eltern abwendbar sind. Dies bezieht sich insbesondere auf die Basiskompetenzen in der konkreten Interaktionssituation. Durch eine Veränderung der Kommunikation der Eltern, wie z. B. Blickkontakt (vgl. Triple P®, VHT, VIT), können Modifikationen in der Eltern-Kind-Beziehung relativ schnell positiv beeinflusst werden. Das Problemverhalten bei Kleinkindern tritt meist auch nur im konkreten Kontakt mit den elterlichen Interaktionspartnern auf.

Oft sieht es in der Beziehung zwischen Eltern und ihren älteren Kindern und Jugendlichen anders aus. Zwar bestehen miteinander Kommunikationsprobleme, aber die Konfliktsituationen sind auch auf externe Bereiche zurückzuführen (z. B. Diebstahl, Herumtreiben).

Dem Problemkontext zufolge ist eine einfache Übertragung der Trainingsprogramme wie dem Video-Interaktionstraining (Cordes, 2000) oder dem Parent-Child Interaction Therapy/PCIT (Eyberg & Boggs, 1998) nicht immer auf ältere Kinder und Jugendliche möglich. Erziehungsprobleme von Eltern mit Kleinkindern unterscheiden sich wesentlich von denen älterer Kinder und Jugendlicher. Sie bedürfen dahingehend auch eine besondere Beachtung und Herangehensweise im Elterntraining. Es ist nicht immer auszuschließen, dass die derzeitigen Beziehungskonflikte auf frühere Störungen in der Basiskommunikation (Schepers & König, 2000) zurückzuführen sind.

In den Elterntrainings mit jüngeren Kindern stellen die Eltern die Ansprechpartner dar, die mit ihren Handlungen das kindliche Verhalten wesentlich beeinflussen und verändern können. Ältere Kinder und Jugendliche können durch ihr Verhalten und Erleben das Beziehungsgefüge wesentlich mitlenken. Ihre kognitive Entwicklung ermöglicht ihnen, aktiv mitzuarbeiten, was Kleinkindern aufgrund ihrer kognitiven Reife auf bestimmter Ebene noch nicht gegeben ist. Diese Partizipation älterer Kinder soll bei dem EKST berücksichtigt werden.

Es ist immer davon auszugehen, dass durch stetige Konfliktbelastung die angenehmen Interaktionen zwischen den Eltern und Kindern beeinträchtigt sind. Der Fokus richtet sich dadurch immer mehr auf die negativen Vorfälle im Alltag. Dies führt notwendigerweise zu einem Circulus vitiosus. Negative Emotionen der Eltern gegenüber dem Kind behindern die klare Kommunikation. Die Kinder fühlen sich nicht verstanden, zeigen auffälliges unangemessenes Verhalten. Die Beziehung zwischen Eltern und ihren Kindern wird spannungsreicher. Die Zeit für angenehme gemeinsame Erlebnisse reduziert sich zunehmend. Das EKST möchte mit dem Medium Spiel diesem Prozess entgegentreten. Dabei sollen nicht nur die Eltern trainiert werden. Vielmehr soll die Mündigkeit und Partizipation der Kinder genutzt werden. Sie werden als bedeutsame und aktive Partner in das Trainingsprogramm einbezogen.

Die Konfliktklärung erfolgt durch Beziehungsarbeit im Spiel. Ein angenehmes Erlebnis einer Spielstunde vermag Eltern und Kind zusammenbringen. Das Spiel mit seinen charakteristischen Eigenschaften stellt dazu ein optimales Medium dar.

Die direkten Verhaltensauffälligkeiten stehen im EKST nicht im Zentrum. Vielmehr soll durch die Aktivierung positiver Beziehungserfahrungen den Eltern und Kindern die Möglichkeit gegeben werden, miteinander eine Basis aufzubauen, die sie befähigt, Bedürfnisse, Ansprüche und Enttäuschungen zu äußern. Damit soll eine Sensibilisierung der Eltern für das Verhalten und Erleben ihres Kindes erfolgen. Das gegenseitige Verständnis füreinander soll gefördert werden, um ein Problembewusstsein für komplexe Situationen bei den Eltern zu entwickeln.

Die folgenden Ergebnisse der empirischen Befragung der pädagogischen Mitarbeiter von Tagesgruppen im Rahmen der Hilfen zur Erziehung nach KJHG (Vonau, 2005) haben erheblichen Einfluss auf die inhaltliche Konzeption des EKST:

✧ Elternarbeit ist eine Sensibilisierung der Eltern für ihr Kind.
✧ Schwierigkeiten in der Elternarbeit sind mangelndes Problembewusstsein und eingeschränkte Veränderungsbereitschaft der Eltern bzgl. ihres eigenen Verhaltens gegenüber ihrem Kind.

Erziehungsverhalten der Eltern:

✧ Eltern fällt es schwer, die Bedürfnisse ihres Kindes zu erkennen und angemessen zu befriedigen.
✧ Sehr selten hören sie ihrem Kind genau zu und nehmen sich für dessen Erlebniswelt ausreichend Zeit.
✧ Sehr selten verbringen sie gemeinsame Freizeit, die den Interessen des Kindes entspricht.
✧ Sehr selten verhalten sie sich dem Kind gegenüber wertschätzend und verständnisvoll und verstärken positive Verhaltensweisen mit Lob.

Beziehung der Kinder zu ihren Eltern:

✧ Kinder sehnen sich nach Liebe und Anerkennung von ihren Eltern.
✧ Kinder geben ihren Eltern trotz häufiger Frustrationen und Enttäuschungen immer wieder eine Chance.
✧ Kinder wünschen sich, dass ihre Eltern mehr Zeit mit ihnen verbringen.
✧ Verhaltensauffälligkeiten des Kindes ist ein Hilferuf nach Aufmerksamkeit und Zuwendung durch seine Eltern.
✧ Das oberste Ziel in der Elternarbeit der Erziehungshilfe ist es, den Eltern Hilfe zu geben, das Kind mit seinen Besonderheiten zu verstehen.

3.4   Grundannahmen

In speziellen Untersuchungen konnte herausgefunden werden, dass sich eine einzelfallorientierte Arbeit mit Familien als positiv und effektiv erwies (Vonau, 2005). Daran setzt das Eltern-Kind-Spiel-Training an.

Die Besonderheiten des Eltern-Kind-Spiel-Trainings bestehen in folgenden Aspekten:
✧ Eine auf den individuellen Einzelfall ausgerichtete Interventionsform entspricht den familiären Besonderheiten und der direkten Eltern-Kind-Interaktion gut. Eltern lassen sich am ehesten auf eine Einzelfallhilfe ein.
✧ Die aufsuchende Hilfe mit Durchführung im Haushalt der Familie ermöglicht einen konti-

nuierlichen Trainingsablauf und eine bessere Übertragung des Settings in den Familienalltag.

◇ Das Trainingsprogramm basiert auf der Annahme, dass bestehende Kommunikations- und
Beziehungsprobleme zwischen Eltern und Kind am ehesten in alltagsnaher Situation gelöst werden können. Eine angemessene Kommunikation soll zur Reduzierung der Konflikte und des kindlichen Problemverhaltens und zur Stabilität der Eltern-Kind-Beziehung
beitragen.

◇ Durch die indirekte Herangehensweise und bei der im Alltag der Familien vorherrschen-
den konfliktreichen Interaktionen bildet das EKST einen Gegenpol, welches durch eine
spielerisch-erlebnisorientierte Ausrichtung positive Erlebnisse zwischen Eltern und Kind
ermöglichen kann.

◇ Der Einsatz des gemeinsamen Spiels als zentrales Medium zwischen Mutter, Vater und
Kind soll ein positives Erlebnis und die Freude am gemeinsamen Tätigsein vermitteln.
Durch das Medium Spiel werden auch Klienten erreicht, welche nicht in abstrakter Refle-
xion und Kommunikation geübt sind. Das in vorherrschender Beratungspraxis bestehende
Agieren und Intervenieren auf der abstrakt-verbalen Ebene wird im EKST umgangen und
um einen anderen Aspekt ergänzt.

◇ Aufgrund des inhaltlich systematisch vorstrukturierten Konzeptes kann der Trainingsverlauf an die Bedingungen des Einzelfalles angepasst werden und durch weitere verhaltens-
modifizierende Komponenten erweitert werden.

◇ Es erfolgt eine Orientierung am Bedürfnis des Kindes nach gemeinsamer Zeit, nach Anerkennung und nach gemeinsamen Spiel mit den Eltern.

◇ Es findet eine direkte Beteiligung der Kinder am Trainingsprogramm statt.

◇ Die Arbeit mit dem Kind im EKST ist nicht problemorientiert. So existieren auch keine
konkreten therapeutischen Einzelziele im Sinne einer Verhaltensschulung und Erweite-
rung des elterlichen Erziehungsrepertoires. Stattdessen stehen folgende allgemeine Ziele
im Mittelpunkt:
  – Intensive Wahrnehmung der Erlebniswelt des Kindes
  – Wahrnehmung der kindlichen Befindlichkeit
  – Entwicklung von Verständnis für Besonderheiten des Kindes
  – Annahme des Kindes.

◇ Durch das EKST wird ein Bewusstsein vermittelt, dass das Verhalten der Eltern mit dem
Verhalten des Kindes zusammenhängt. Die Eltern werden darin unterstützt, eigene Verhaltensmuster zu erkennen und zu verändern.

◇ Das EKST ermöglicht eine aktivierende inhaltliche Methodenwahl mit Selbsterfahrungs-
charakter für Eltern und Kind.

◇ Der Trainingsablauf erfolgt in einem überschaubaren, gegliederten und zeitlich begrenzten
Interventionsrahmen.

4 Überblick, Konzeption und Zielgruppen

Die unter diesem Kapitel zusammengefassten Inhalte beschreiben die konzeptionellen Schwerpunkte, Ziele und Zielgruppen und die theoretischen Grundlagen des Eltern-Kind-Spiel-Trainings.

4.1 Allgemeiner Überblick

Das Eltern-Kind-Spiel-Training stellt eine aktivierende, handlungspraktische Form der Elternarbeit dar. Sie unterscheidet sich darin erheblich von der herkömmlichen, problemorientierten Beratungspraxis bei Erziehungsschwierigkeiten. Mit geringer externer Anregung und Intervention trägt das Training zu einer förderlichen Beziehungsregulation und -stabilisierung zwischen Eltern und Kind bei. Die untypischen Interaktionsstrukturen der Therapiesituation in einer Beratungspraxis werden vermieden. Eltern wie auch Kind sind im Interventionsprozess aktive Mitwirkende, die sich auf Augenhöhe begegnen können.

Das EKST wird im Haushalt der Familie durchgeführt. Die Klienten verhalten sich im eigenen Haushalt natürlicher und sind organisatorisch besser erreichbar. Zugleich lässt sich darüber eine höhere Wahrscheinlichkeit des Transfers in die Lebenswelt der Familien erwarten. Es kann damit sichergestellt werden, dass der reale Kontakt zwischen Eltern und Kindern auch als solcher erlebt und berichtet wird. Die Aufmerksamkeit des Trainers richtet sich bewusst indirekt auf die Verhaltensprobleme des Kindes sowie auf die Erziehungsschwierigkeiten der Eltern. Dies setzt jedoch eine ausführliche anamnestisch-diagnostische Erhebung der beteiligten Familie voraus.

Im EKST werden Erfahrungen aufgegriffen, wie sie auch bei Familienspielnachmittagen gemacht werden. Die lockere, ungezwungene Atmosphäre beim Spielen der Eltern mit ihren Kindern wird größtenteils als schönes Erlebnis erfahren. Die Wahl des Mediums Spiel begünstigt eine Herangehensweise in dieser Form. Damit wird der Anspruch an Eltern und Kind gestellt, sich gemäß ihren Möglichkeiten aktiv zu beteiligen. Eine ressourcen- und lösungsorientierte Sichtweise stehen im Fokus des EKST.

Das Training sollte von psychologisch und (sozial)pädagogisch ausgebildeten Personen durchgeführt werden. Die Tabelle 8 gibt einen Überblick über Inhalt, Methodik und Form.

Tabelle 8: *Überblick über EKST*

Eltern-Kind-Spiel-Training (EKST)	
Indikation	Bei elterlichen Erziehungsschwierigkeiten Verhaltensstörungen und Verhaltensauffälligkeiten von Kindern und Jugendlichen
Zielgruppe	Motivierte Eltern oder bedeutsame Bezugspersonen mit Kindern im Alter von sieben bis ca. 13 Jahren (möglichst: ein Elternteil/ein Kind)
Anliegen	Stabilisierung der Eltern-Kind-Beziehung durch die Verbesserung des Kommunikations- und Interaktionsverhaltens
Ziele	Die Förderung des gemeinsamen Miteinanders, der Sensibilisierung und des kommunikativen Austauschs zwischen Eltern und Kind orientiert sich auf: ✧ Freude und Spaß an gemeinsamer Beschäftigung ✧ Intensivierung der Spieltätigkeit ✧ Besseres Kennenlernen durch gegenseitigen Austausch über Gedanken, Bedürfnisse und Gefühle ✧ Anregung der Eltern zur Reflexion über ihre Beziehung zum Kind ✧ Förderung der Entwicklung von Empathie ✧ Schulung der Wahrnehmung durch genaues Beobachten und Zuhören ✧ Förderung von Nähe zwischen Kind und Eltern z. B. über Körperkontakt ✧ Fokussierung auf positive Emotionen der Eltern gegenüber ihrem Kind ✧ Entwicklung eines besseren gegenseitigen Verständnisses ✧ Positive Beeinflussung alltäglicher familiärer Interaktionen ✧ Stärkung des Kindes durch Liebe, Anerkennung und Aufmerksamkeit
Wirksamkeit	✧ Verbesserung der positiven Interaktion und Kommunikation zwischen Eltern und Kind ✧ Positive Veränderungen der Eltern im Umgang mit dem Kind durch konsistenteres Erziehungsverhalten (ESI) ✧ Deutliche Reduzierung des kindlichen Problemverhaltens (vgl. CBCL/4–18) ✧ Entwicklung und Stärkung eines positiveren Selbstwertgefühls des Kindes im Bereich der Familie (ALS)
Theoretische Grundlagen	Kognitiv-behaviorale Verfahren, Modelllernen, systemische Ansätze, klientzentrierter Ansatz, Empowerment
Methoden	✧ Gespräche und Interviews zur Familienanamnese und Problemerhebung ✧ Ausgewählte Spiele und Arbeitsblätter ✧ Bei Notwendigkeit zusätzliche psychoedukative Gespräche ✧ Evaluation: Fragebogenerhebungen, Videoaufnahmen und Interviews
Umfang	Neun Spielstunden sowie durchschnittlich vier Vorbereitungsstunden und vier Abschlussstunden
Zeitraum	Durchschnittlich zehn Wochen (davon sieben Wochen Spielstundentraining)

4.2 Konzeption und Ziele

Das Eltern-Kind-Spiel-Training ist ein integriertes Interventionsangebot für die Kinder- und Jugendlichenpsychotherapie, Beratungsstellenarbeit im Kindes- und Jugendbereich sowie der pädagogischen Einzelfallhilfe in verschiedenen anderen Kontexten der Eltern-Kind-Arbeit. Es stellt eine Ergänzung zu bestehenden Therapien oder zur Beratungsarbeit dar. Die Verbesserung des Kommunikations- und Interaktionsverhaltens orientiert sich an der Förderung des kommunikativen Austauschs zwischen den Eltern und dem Kind. Durch die Intensivierung gemeinsamer Spielaktivitäten und die Freude an der gemeinsamen Beschäftigung ist ein besseres Kennenlernen möglich. Dies soll zum gegenseitigen Austausch über eigene Gedanken, Bedürfnisse und Gefühle führen. Die Eltern können zum Nachdenken über ihre Beziehung zu ihrem Kind angeregt werden. Die Trainingsstunden fördern die Entwicklung von Empathie für den anderen. So soll die Wahrnehmung durch genaues Beobachten und Zuhören geschult werden und die Nähe zwischen Kind und Eltern auch über Körperkontakt ermöglicht werden (durch die Auswahl entsprechender Spiele und Übungen, z. B. Spiel: Telefax, siehe Arbeitsblätter zum Training „Weitere Spiele").

Damit soll ein Prozess negativer Emotionen der Eltern gegenüber ihren Kindern durchbrochen werden. In der Folge vermag sich ein besseres gegenseitiges Verständnis zu einer Stabilisierung der Beziehung zwischen Eltern und Kind entwickeln.

Das Ziel des EKST sind positive Veränderungen der alltäglichen Eltern-Kind-Interaktionen auf der Ebene des Mikrosystems der Familie. Dies wird als eine notwendige Voraussetzung für eine umfassende Verminderung der Verhaltensprobleme des Kindes in der Familie angesehen. Die Intervention durch das EKST berührt die Ebene der Bezugsperson und die Ebene des Kindes gleichzeitig. Durch die Aktivierung positiver Beziehungserfahrungen erhalten beide Seiten die Gelegenheit, eine gemeinsame Basis aufzubauen. Unter diesen Bedingungen wird das Ausdrücken der eigenen Wünsche, Bedürfnisse und Enttäuschungen erleichtert oder überhaupt erst hervorgerufen. Die Eltern können dadurch besser für ihr Kind mit seinen Besonderheiten sensibilisiert werden. Auf beiden Seiten werden Verständnis und Einfühlungsvermögen ausgelöst bzw. erhöht. In der Folge ist es wahrscheinlicher, dass sich bei den Eltern ein Problembewusstsein entwickelt, welches den Zusammenhang des eigenen Verhaltens und dem des Kindes in Zusammenhang bringt. Darauf aufbauend ergibt sich die Möglichkeit zur Reflexion und Veränderung ihrer Einstellungen und ihres Verhaltens. In den Trainingsstunden wird das Medium Spiel hauptsächlich als Mittel zur Kontaktherstellung und Auseinandersetzung zwischen Eltern und Kind genutzt. Die Grundlage für die Konzeption des Elterntrainings (Tabelle 9) war eine Fragebogenuntersuchung aus der Perspektive von Mitarbeitern im Rahmen der Hilfe zur Erziehung in der Tagesgruppe. Daraus wurde eine Explorationsstudie zum EKST anhand von fünf familiären Einzelfallanalysen entwickelt und durchgeführt (Vonau, 2005).

Tabelle 9: *Konzept des EKST*

Konzept EKST
Gemeinsame Spielstunden
beabsichtigen die Stärkung ✧ einer positiven Eltern-Kind-Interaktion durch ausgewählte Spielarrangements ✧ der Eltern selbst durch Sensibilisierung für ihr Kind im Spiel ✧ des Kindes selbst durch Aufmerksamkeit, gemeinsame Zeit und Anerkennung

Eltern **Bedürfniswahrnehmung**	**Kind** **Bedürfnisbefriedigung**
✧ Erkennen und Befriedigen der Bedürfnisse des Kindes ✧ Zuhören und Zeit nehmen für die Erlebniswelt des Kindes ✧ Gestalten gemeinsamer Freizeit entsprechend der Interessen des Kindes ✧ Aufbringen von Verständnis, Wertschätzung und Verstärkung positiven Verhaltens	✧ Gemeinsame Zeit mit den Eltern verbringen ✧ Verhaltensauffälligkeiten als Hilferuf nach elterlicher Anerkennung, Zuwendung und Nähe

Ein besonderes Kennzeichen des EKST ist die Behandlung der Eltern und ihres Kindes im häuslichen Umfeld. Die dafür notwendigen Rahmenbedingungen sollten in die Vorbereitung des Trainings einfließen. Dazu gehört die Anwesenheit einer Bezugsperson des Kindes zum Zeitpunkt der Therapie im eigenen Haushalt. Die Räumlichkeiten sollten so beschaffen sein, dass das Training stattfinden kann, ohne die übrige Familie zu behindern.

Die Voraussetzungen für einen gelingenden Trainingsablauf des EKST sind im Vorgespräch zu klären. So sollen die Teilnehmer die Räumlichkeiten und die Zeiten der vereinbarten Sitzungen schriftlich vereinbaren. Ein Wechsel der Elternteile oder die Teilnahme von mehr als zwei Kindern ist zu vermeiden. Die beste Durchführungsform des Trainings ist die mit einem Elternteil und einem Kind.

Der Haushalt bietet für die Familie eine vertraute Atmosphäre und minimiert zusätzlichen Fahrtaufwand. Eine höhere Wahrscheinlichkeit für einen reibungslosen Trainingsablauf ist darüber gewährleistet. Auch etwaige Störungen durch jüngere Geschwisterkinder müssen im Vorfeld vermieden werden (Vonau, 2005).

Außerdem sollte in der Familie ein Mindestmaß an Struktur vorhanden sein. Für den Therapeuten ist es wichtig, dass die Entfernung nicht zu groß ist, die Fahrtzeit sollte nicht mehr als 30 Minuten betragen (Eisert, Eisert & Schmidt, 1985).

4.3 Zielgruppen

Spezielle Indikationen für das EKST sind Eltern-Kind-Interaktions- und Kommunikationsstörungen, die komorbid zu vielen Störungen im Kinder- und Jugendbereich auftreten. Es sollen Eltern angesprochen werden, für die es aus den unterschiedlichsten Gründen in der aktuellen Lebenssituation schwierig ist, auf die Bedürfnisse ihrer Kinder angemessen einzugehen, und sich dies allgemein in Erziehungsproblemen niederschlägt.

Mögliche Gründe können sein:

❖ Strukturelle soziale Benachteiligung wie Armut, Arbeitslosigkeit, ungünstige Wohnverhältnisse, Migrationshintergrund
❖ Belastete familiäre Lebenssituationen wie Konflikte, Trennung/Scheidung, Alleinerziehen
❖ Persönliche Probleme wie Überforderung, chronische Erkrankungen, psychosoziale Probleme.

Im Besonderen ist das EKST ein psychotherapeutisch und sozialpädagogisch breitbandindiziertes Verfahren, das im Rahmen der Mitbehandlung von Bezugspersonen sowohl in der analytisch und tiefenpsychologisch fundierten Kinder- und Jugendlichenpsychotherapie als auch in der verhaltenstherapeutischen Kinder- und Jugendlichenpsychotherapie angewendet werden kann. Es ist dem Wesen nach ein systemisches Therapieangebot und kann damit auch in allen systemischen Arbeits- und Therapiefeldern durchgeführt werden sowie als begleitende Maßnahme in der Beratung und in den Hilfen zur Erziehung nach dem Kinder- und Jugendhilfegesetz (KJHG).

In Tabelle 10 sind die Störungsbilder nach der Internationalen Klassifikation psychischer Störungen/ICD-10 Kapitel V (Dilling, Mombour & Schmidt, 2008), bei denen Eltern-Kind-Spiel-Training indiziert erscheinen kann, dargestellt.

Eine Indikation ist auch bei allen anderen psychischen Störungen gegeben, bei denen sich eine Eltern-Kind-Kommunikation als sekundäre Störung entwickelt hat. Im EKST soll die Partizipation älterer Kinder berücksichtigt werden, die Kinder sollten mindestens sieben Jahre alt sein. Im Gegensatz zu jüngeren Kindern sind sie aufgrund ihrer kognitiven Entwicklung in der Lage, aktiv an den Beziehungsstrukturen innerhalb der Familie mitzuarbeiten.

4.4 Theoretische Grundlagen der Intervention

Die praktischen Übungen, wie das Miteinanderreden, das Mitteilen von Problemen und die Anwendung von Problemlösestrategien, wie sie vielen Spielen immanent sind, wirken darauf hin, dass Probleme in der Familie besser gelöst werden können.

Tabelle 10: *Indikationen für das EKST*

Nummer ICD-10	Störungsbilder
F43	Anpassungsstörungen
F90	Hyperkinetische Störung z. B. ✧ einfache Aktivitäts- und Aufmerksamkeitsstörungen ✧ hyperkinetische Störungen des Sozialverhaltens
F91	Störungen des Sozialverhaltens z. B. ✧ auf den familiären Rahmen beschränkte Störungen des Sozialverhaltens ✧ Störungen des Sozialverhaltens bei fehlenden sozialen Bindungen ✧ Störungen des Sozialverhaltens mit oppositionellen und aufsässigen Verhalten
F92	Kombinierte Störungen des Sozialverhaltens und der Emotionen z. B. ✧ Störungen des Sozialverhaltens mit depressiver Störung
F93	Emotionale Störungen des Kindesalters z. B. ✧ emotionale Störung mit Trennungsangst des Kindesalters ✧ phobische Störungen des Kindesalters ✧ Störung mit sozialer Ängstlichkeit des Kindesalters ✧ emotionale Störung mit Geschwisterrivalität
F94	Störungen sozialer Funktionen mit Beginn in Kindheit/Jugend z. B. ✧ elektiver Mutismus ✧ reaktive Bindungsstörung des Kindesalters ✧ Bindungsstörung des Kindesalters mit Enthemmung
F98	Andere Verhaltens- oder emotionale Störungen mit Beginn in der Kindheit oder Jugend z. B. ✧ nichtorganische Enuresis ✧ nichtorganische Enkopresis ✧ Pica im Kindesalter ✧ Stereotype Bewegungsstörungen ✧ Stottern ✧ Poltern

Positive Verstärkung wird als Belohnung eines bestimmten Verhaltens eingeordnet, negative Verstärkung wird erfahren, wenn etwas Unangenehmes durch ein eher negativ zu bewertendes Verhalten beendet wird (z. B. wenn das Kind eine gestellte Aufgabe nach einem Weinanfall nicht mehr erfüllen muss). Beide Formen der Verstärkung haben zur Folge, dass entsprechend verstärktes Verhalten in der Zukunft häufiger gezeigt werden wird. So kann der Trainer seine Funktion als „Rollenmodell" in den Spielstunden ausfüllen und bei Bedarf ebenso psychoedukativ im Gespräch mit den Eltern darauf Einfluss nehmen.

Ebenso spielt das Lernen am Modell eine große Bedeutung, die Rolle einfacher Verhaltensweisen wie z. B. der Blickkontakt mit den Anwesenden, aufmerksames Zuhören, Empathie, Kooperation, Kompetenz und angemessene Kommunikationsebenen lassen sich im Training gut vermitteln.

Ein Elterntraining lässt sich als wichtiger Schutzfaktor für die Entwicklung des Kindes betrachten, insbesondere wenn dies mit der Reduzierung einiger Risikofaktoren einhergeht, z. B. körperliche Bestrafungen abstellen (Lauth & Heubeck, 2006).

Die Interaktion als zentrales Element steht im Vordergrund des Trainings. Dabei fördert das gemeinsame Spielen eine positive Kommunikation zwischen Bezugsperson und Kind. Das Training stellt darüber eine einfache und eine geeignete Methode zur indirekten Lösung gestörter Interaktionen dar.

Die aktivierende, inhaltliche Methodenwahl des EKST ermöglicht für Mutter oder Vater und Kind eine Form der Selbsterfahrung.

Das Modelllernen in der häuslichen Umgebung mit dem Trainer als „role-model" unterstützt die Veränderungen im Verhalten durch die:

✧ Erhöhung des Anregungsgehaltes der häuslichen Umgebung in alltagsnahen Situationen und Bereitstellung pädagogisch wertvoller Materialien
✧ Gezielte Entwicklungsförderung der Kinder im kognitiven, motorischen, sozialen und emotionalen Bereich durch wechselnde Übungseinheiten
✧ Wissensvermittlung über Entwicklung und Erziehung
✧ Ressourcenorientierung wie z. B. Erweiterung des sozialen Netzwerkes der Familien, Kennenlernen familienbezogener Angebote
✧ Anregung des Transfers auch auf weitere Familienmitglieder.

5 Trainingsdurchführung

Nachfolgend wird der konkrete Ablauf der Trainingsstunden, die sich in Vorbereitungs-, Spiel- und Abschlussstunden unterteilen, ausführlich beschrieben. Eingangs wird zum besseren Verständnis ein Gesamtüberblick gegeben.

5.1 Übersicht

Das EKST findet über einen Zeitraum von ungefähr zehn Wochen statt. Nach der Auswahl und Motivation der Teilnehmer gliedert es sich in drei Phasen: die Vorbereitungsstunden, die Spielstunden und die Abschlussstunden zur Evaluation und Auswertung der Wirksamkeit des Trainings. Auf der folgenden Seite gibt die Abbildung 10 einen Überblick über den Gesamtablauf des EKST.

5.2 Vorbereitungsstunden

Die Vorbereitung des Trainings ist sehr bedeutsam. Diese Phase ist entscheidend für den weiteren Verlauf des Spieltrainings. Im individuellen Vorgespräch mit den Eltern sollen die Spezifik der Trainingsform, der allgemeine Ablauf sowie die erforderlichen Notwendigkeiten (wie räumliche Bedingungen im Haushalt der Familie, Zeitraum, ungestörte Spielatmosphäre) besprochen werden, um einen kontinuierlichen Spielstundenverlauf zu gewährleisten. Zudem muss die Passung zwischen Trainer und Beteiligten abgestimmt werden. Mögliche Ängste und Befürchtungen bei der Familie gilt es auszuschalten und die Teilnahmemotivation soll angeregt werden.

Die Durchführung des EKST bedingt die Herstellung einer sicheren und tragfähigen therapeutischen Beziehung sowohl zum Kind als auch zu der Bezugsperson.

Das Training beginnt mit der Anamnese zu Familie und Kind, beinhaltet eine umfangreiche Fragebogenerhebung und eine in die Spieltherapie eingebettete Videoanalyse des Eltern-Kind-Spiel-Verhaltens zur Dokumentation und zur Beurteilung der Baseline des Spielverhaltens zwischen Elternteil und Kind. Damit kann eine Erfolgsbeurteilung des Eltern-Kind-Trainings ermöglicht werden. Für die Vergleichbarkeit mit der Grundrate werden zum Abschluss des EKST erneut Videoaufnahmen (Wiederholung der zwei Standardsituationen Gespräch und Spiel) aufgezeichnet.

Alle notwendigen Vorlagen für die Vorbereitungsstunden finden sich im Teil II dieses Manuals – Arbeitsblätter zum Eltern-Kind-Spiel-Training. Damit keine Arbeitsblätter verloren gehen, ist es empfehlenswert, für die jeweilige Familie eine Mappe zum Spieltrainingsverlauf anzulegen.

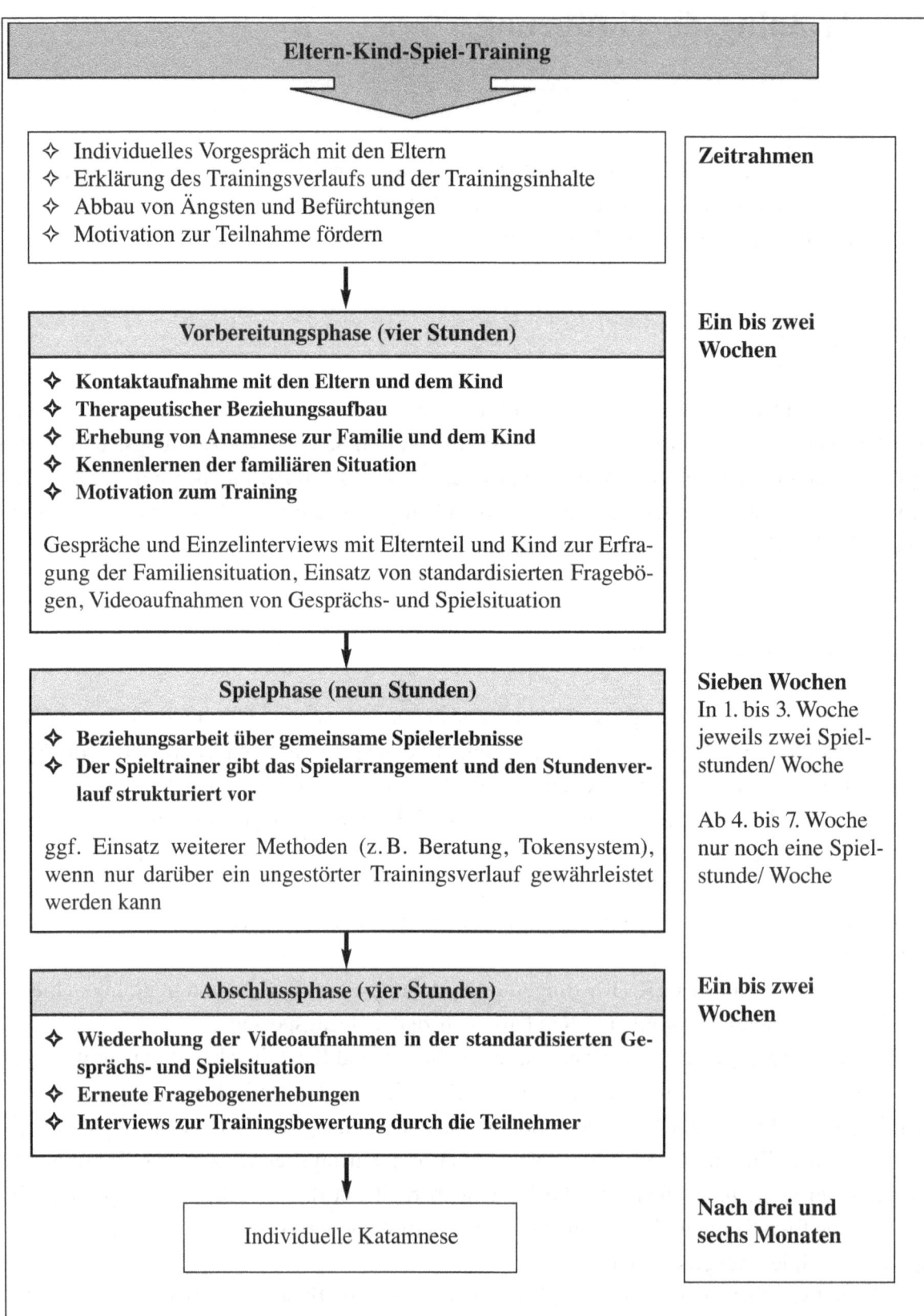

Abbildung 10: *Übersicht über den Gesamtablauf des EKST*

Die Testmaterialien der standardisierten Fragebögen Erziehungs-Stil-Inventar/ESI (Krohne & Pulsack, 1995), Aussagen-Liste zum Selbstwertgefühl: Bereich Familie/ALS (Schauder, 1996) und der Elternfragebogen über das Verhalten von Kindern und Jugendlichen/CBCL/ 4–18 (Döpfner et. al., 1998) sind in der Hogrefe Testzentrale zu erwerben.

In Tabelle 11 sind der Ablauf und die Inhalte der Vorbereitungsstunden des EKST dargestellt.

Tabelle 11: *Ablauf und Inhalte der Vorbereitungsstunden im EKST*

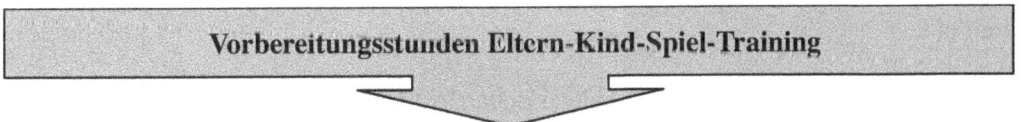

Vorbereitungsstunden Eltern-Kind-Spiel-Training

Kontakt	Inhalt und Verlauf	Arbeitsblätter/ Materialien
Erstkontakt/ Vorgespräch: Kennenlernen der Familie Dauer: 60 min	Kontaktaufnahme und Beziehungsaufbau mit der Familie Vorstellung des Trainings sowie der Bedingungen für einen reibungslosen Ablauf Wecken von Interesse und Motivation zur Beteiligung Erfragen allgemeiner **Angaben zur Familie** Bekanntmachen und Erfassen der **allgemeinen Lebenssituation der Familie**, den Wohnverhältnissen und Auswahl eines Raumes für die Durchführung des Trainings in der Wohnung der Familie	Arbeitsblatt 1 Arbeitsblatt 2 Arbeitsblatt 3 Arbeitsblatt 8
Zweite Vorbereitungsstunde: Einzelgespräch mit dem Elternteil Dauer: 90 min	**Angaben zur kindlichen Entwicklung** erfragen **Genogramm** erstellen **CBCL/4–18**: zum Selbstausfüllen in der Familie lassen	Arbeitsblatt 4 Arbeitsblatt 5 Testbogen CBCL/4–18
Dritte Vorbereitungstunde: Einzelgespräch mit dem Kind Dauer: 60–90 min	**Vorgespräch mit dem Kind** Gemeinsames Ausfüllen des **ESI** und **ALS**/Teil Familie Zur Motivation und Beziehungsherstellung zum Stundenausklang ein gemeinsames Spiel mit dem Untersucher durchführen (z. B. Würfelspiel, Kartenspiel)	Arbeitsblatt 6 Testbogen ESI Testbogen ALS Spiele

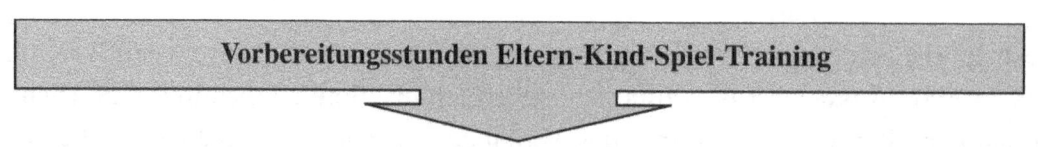

Kontakt	Inhalt und Verlauf	Arbeitsblätter/ Materialien
Vierte Vorbereitungs- stunde: Videoaufnahme Elternteil und Kind Dauer: 60 min	Die Stunde verläuft wie eine Spielstunde, zusätzlich werden noch Videoaufnahmen angefertigt:	Videotechnik
	Standardsituation Gespräch anhand vorbereiteter Kärt- chen	Arbeitsblätter 10 bis 10c
	Standardsituation spielerische Problemlösung 1 in Form des kreativen Gestaltens eines Tieres	Arbeitsblatt 11a angegebene Materialien
	Abschluss eines **Spielstundenvertrages**	Arbeitsblatt 7
	Festlegung der Termine auf dem **Spielstundenplan**, der in der Familie verbleibt	Vorlage im An- hang

5.3 Spielstunden

Der inhaltliche Ablauf des gesamten Trainings und der jeweiligen Einzelstunde muss den Be- dingungen der Familie sowie der momentanen Situation der Beteiligten angepasst werden. Es unterliegt allein dem Spieltrainer, herauszufinden, in welcher Beziehung sich Elternteil und Kind aktuell befinden, um darauf aufbauend die Spielarrangements in der Familie passend einzusetzen. Dies bedingt vor dem Beginn sowie während jeder Spielstunde eine schnelle Er- fassung und Analyse der aktuellen Familiensituation, um flexibel die Spielangebote heranzu- ziehen, möglicherweise zu variieren oder ganz von dem geplanten Stundenverlauf abzuwei- chen. Deshalb ist es notwendig, die gesamten Trainingsspiele im Überblick zu haben.

Entsprechend der Dauer, der inhaltlichen Ausrichtung sowie der beziehungsstabilisieren- den Intensität können die Spiele für das Eltern-Kind-Spiel-Training in Einstiegs- und Ab- schlussspiele und in Spielarrangements für den Hauptteil der Stunde untergliedert werden (Abbildung 11).

Der Spieltrainer gibt der Familie jeweils die Spielidee vor, spielt aber selbst nicht mit, son- dern nimmt eine möglichst neutrale Beobachtungsposition ein. Während der Interaktionsse- quenzen zwischen Elternteil und Kind werden keine Kommentare abgegeben oder Rückfra- gen gestellt. Ergänzungen erfolgen lediglich, wenn Verständnisprobleme bestehen.

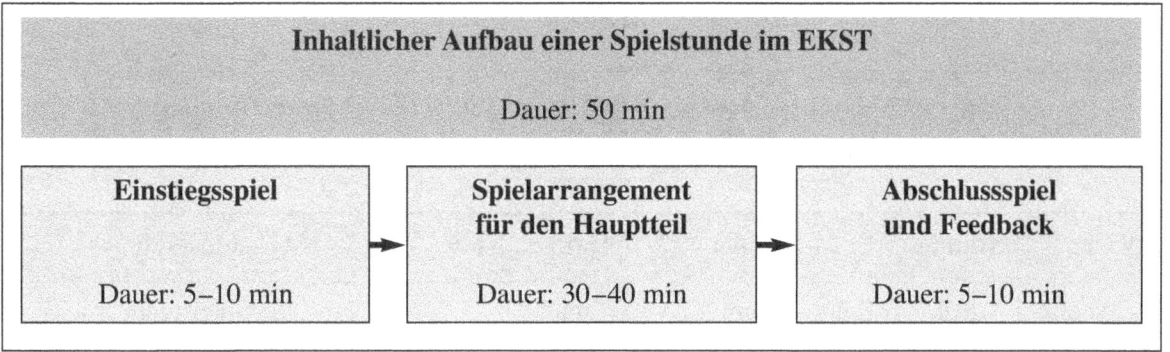

Abbildung 11: *Inhaltlicher Aufbau einer Spielstunde*

Es erscheint immer notwendig, mehrere Angebote und Spiele parat zu haben. Haben z. B. Elternteil und Kind viel Spaß am gemeinsamen Uno-Spiel entdeckt, welches nur als anwärmen-
des Eingangsspiel geplant war, und können sich nur schwer auf weitere Spielangebote einlassen, sollte dies aufgegriffen werden. Der zielorientierende Schwerpunkt ist immer eine funktionierende Interaktion der Teilnehmer. Die Wirkung der Spielarrangements auf die Teilnehmer ist mitunter nicht immer vorauszusehen und abhängig von persönlichen Interessen und
Vorerfahrungen. Die Freude am gemeinsamen Spiel ist auch dann eingeschränkt, wenn die
Aufgaben die kognitiven Voraussetzungen der Teilnehmer überfordern. Dies sollte bei der
Planung beachtet werden.

Im Programmablauf der Spielangebote des EKST darf und soll individuell variiert werden.
Der Verlauf wird bei keiner Familie gleich sein. Ebenso lebt dieses Trainingsprogramm von
weiteren schöpferischen Ergänzungen des jeweiligen Spieltrainers.

Die Tabelle 12 zeigt exemplarisch eine Übersicht zum EKST-Verlauf in der Phase der
Spielstunden inklusive der Abschlussspielstunde, die der Evaluation dient.

Jede Spielstunde endet mit einem Feedback zum persönlichen Erleben der Teilnehmer.
Dabei erscheint es besonders bedeutsam, auf die emotionale Ebene des gemeinsamen Spieler-
lebnisses einzugehen. Der Trainer versucht mit Hilfe gezielter Fragen an die Mutter oder den
Vater und das Kind, das Erlebte im gemeinsamen Gespräch kurz auszuwerten. Dazu können
variabel unterschiedliche Materialien eingesetzt werden, z. B. Smileys, Mimürfel oder Satzer-
gänzungen, mündlich oder auf kleinen vorbereiteten Zetteln (siehe Vorlage zur Bewertung der
Spielstunde im Anhang).

Bedeutsam für die Übertragung der gemeinsamen Spielzeit in den Familienalltag werden
während des Trainings Spielhausaufgaben schriftlicht vereinbart. Der Verlauf dieser sollte zu
Beginn des nächsten Treffens kurz erfragt werden.

Tabelle 12: *Beispiel zum Ablauf der Spielstunden*

Zeit- und Ablaufplan der Spielstunden des Eltern-Kind-Spiel-Trainings

Woche	Stunde	Einstiegsspiel	Hauptspiel	Abschlussspiel
1. Woche	**1. Std.**	Haus – Baum – Hund	Tabu*	Die Spielstunde mit dir war …
	2. Std.	Gesichter würfeln (Mimürfel*)	Familienwappen malen	Laus würfeln
2. Woche	**3. Std.**	Telefax	Tangram*	Punkte verbinden
	4. Std.	Zaubertrick*	Hallo, wie geht es dir? Gefühle ausdrücken lernen* (Memory)	Mau-Mau (Skatblatt*)
3. Woche	**5. Std.**	Versteckte Spielanleitung suchen	Blind geführt werden	Entspannung mit Massagebällen
	6. Std.	Gefühls-Pantomime	Mein Steckbrief	Würfel-Buchstaben-Spiel (aus der Würfelspielebox*)
4. Woche	**7. Std.**	Mikado*	Ich+Du=Wir zusammen (Körperumrisse malen)	Die Spielstunde mit dir war …
5. Woche	**8. Std.**	Ich fühle mich …	Schwindel-Max	Uno*
6. Woche	**9. Std.**	Rätsel stellen	Angel-Spiel: Wer fragt, der wagt	Gemeinsames Mandala ausmalen Information über die Abschlussstunde in der nächsten Woche: Wunschspiel erfragen

Anmerkung: * gekennzeichnete Spiele sind über den Handel erhältlich

7. Woche	**10. Std.**	**Abschlussspielstunde Erneute Videoaufzeichnung**	Wunschspiel der Familie

5.4   Abschlussstunden

Die letzte Spielstunde in der Familie (Tabelle 13) stellt zugleich die Abschlussstunde zum EKST dar und dient der Evaluierung des Trainings. Weil diese Stunde im Aufbau, entsprechend des spielerischen Arrangements, den bisherigen Spielstunden ähnelt, wird sie vermutlich von den Beteiligten als eine weitere Spielstunde gewertet. Diese Stunde unterscheidet sich jedoch darin, dass die Standardsituationen Gespräch und spielerische Problemlösung erneut mit Videotechnik aufgenommen werden. Das kann immer noch etwas Besonderes für die Familie sein. In der Gesprächssituation werden erneut die Fragekärtchen zum Beziehungserleben zwischen Elternteil und Kind, die schon in der vierten Vorbereitungsstunde zum EKST verwandt wurden, eingesetzt. Die Interaktionssequenz zum kreativen Problemlösen enthält ein neues Angebot, welches ähnliche Anforderungen an Absprache, Kooperation und handwerkliche Fähigkeiten stellt wie in der Ersterhebung vor den Spielstunden. Zum Ende der Stunde kann sich die Familie ein Spiel wüschen, welches ihnen innerhalb der Spielstunden besonders gefallen hat.

Der Spieltrainer wertet die Eltern-Kind-Interaktion in den Videoaufnahmen unter dem Fokus gelingender Interaktionssequenzen vor und nach den Spielstunden aus. Entsprechend dem Video-Home-Training (Schepers, 1999; Schepers & König, 2000) können für die Familie besonders positive Filmsequenzen im Anschluss an die Auswertung gezeigt werden.

Zur Evaluation des Trainings werden weiterhin erneut die Fragebogenerhebungen durchgeführt. Die Bewertung des Verhaltens des Kindes nach den gemeinsamen Spielstunden aus der Perspektive des Elternteils wird mit Hilfe des CBCL/4–18 erfragt. Das Erleben der Eltern nach dem Spieltraining wird von den Kindern erneut über die Fragebögen ESI und ALS/Bereich Familie erhoben.

Die Ergebnisse der Fragebogenerhebungen sollten nach der Auswertung vergleichend vor und nach dem EKST gegenübergestellt werden.

Am Ende des Trainings sollen die Eltern in einem Fragebogen das EKST hinsichtlich persönlichem Erleben und Wirksamkeit bewerten (siehe Vorlage: Elternfragebogen zur Bewertung des EKST).

Die Tabelle 13 liefert einen Gesamtüberblick über Inhalte und Verlauf der Abschlussgestaltung des EKST.

Tabelle 13: *Ablauf und Inhalte der Abschlussstunden im EKST*

Vorbereitungsstunden Eltern-Kind-Spiel-Training		
Kontakt	**Inhalt und Verlauf**	**Arbeitsblätter und sonstige Materialien**
Abschluss-(Spiel)stunde: Elternteil und Kind Dauer: 50 min	Die Stunde verläuft wie eine Spielstunde Erneute Videoaufnahme wird angefertigt: ◇ **Standardsituation Gespräch** anhand der vorbereiteten Kärtchen aus der Vorbereitungsstunde ◇ **Standardsituation spielerische Problemlösung 2** in Form des kreativen Gestaltens von einem Tier	Videotechnik Arbeitsblätter 10 bis 10c Arbeitsblatt 11a und angegebene Materialien
Zweite Abschlussstunde: Einzelkontakt mit dem Elternteil Dauer: 30 min	**Elternfragebogen zur Bewertung des EKST** Erneute Fragebogenerhebung **CBCL/4–18**: zum Selbstausfüllen in der Familie lassen	Vorlage im Anhang Testbogen CBCL/4–18
Dritte Abschlussstunde: Einzelkontakt mit dem Kind Dauer: 30 min	Erneute Fragebogenerhebung: gemeinsames Ausfüllen des **ESI** und **ALS**/Teil Familie	Testbogen ESI Testbogen ALS

Auswertungsgespräch mit den Eltern und dem Kind:

Information über die Testergebnisse der Fragebogenerhebungen
Möglich ist ein Video-Feedback entsprechend aufbereiteter Videosequenzen zur Darstellung gelungener Interaktionen zwischen Eltern und Kind (in Anlehnung an das Video-Home-Training, Schepers, 1999; Schepers & König, 2000).

5.5   Schwierige Situationen

Konkrete Schwierigkeiten in einer Spielstunde sind häufig Ausdruck allgemeiner Durchführungsprobleme. Deshalb ist es wichtig, die Voraussetzungen für eine erfolgreiche Therapiestunde zu schaffen.

Zu betrachten sind dabei:

◈ Der Aufbau einer tragfähigen Beziehung zu Eltern und Kind.
◈ Die gewissenhafte, aber auch flexible Planung der Spielstunde, die an der jeweiligen aktuellen Lebenssituation der Familie ansetzt.
◈ Die sorgfältige Auswahl der Interaktionsspiele entsprechend der Fähigkeiten und Möglichkeiten des Kindes und der Eltern.
◈ Die Vermeidung von Problemen bei der Durchführung der Spielstunden in der Familie. Dafür ist eine genaue und längerfristige Terminplanung mit Hilfe des Stundenplanes festzulegen, z. B. fester Wochentag mit konstanter Uhrzeit.
◈ Die Einhaltung der festgelegten Rahmenbedingungen: Ort, Zeit, Dauer und Teilnehmer.
◈ Mögliche externe Störquellen sollen während der Spielstunde vermieden werden, z. B. Handyklingeln, Störung durch Geschwisterkinder oder andere Tätigkeiten wie Mittagessen kochen etc.

Kontraindikation

Das Eltern-Kind-Spiel-Training sollte nicht angewendet werden, wenn die Eltern akut unter schweren psychiatrischen Störungen leiden (z. B. bei akuter Schizophrenie, bei Alkohol- bzw. Drogenintoxikation oder bei schwerer Depression), die eine realitätsbezogene Wahrnehmung und ein sinnvolles, situatives Handeln in der Spielstunde nicht ermöglichen.

6   Ergebnisse und Wirksamkeit

In der Explorationsstudie konnte Vonau (2005) feststellen, dass die Durchführung der gemeinsamen Spielstunden zum einen eine positive Erfahrung für alle beteiligten Familien darstellte und zum anderen eine Verbesserung der Eltern-Kind-Beziehung bewirkte. In der kleinen Untersuchungsgruppe nahmen nur Mütter mit ihren Kindern teil. Positive Aspekte der Elternarbeit über das EKST zeigten sich im Erleben und der Wirkung auf die beteiligten Familien.

Im Erleben:

⬦ der Mütter wurde eine angenehme Beziehungserfahrung zum Kind gemacht
⬦ der Kinder war der Spaß am gemeinsamen Spielen mit der Mutter bedeutsam
⬦ innerhalb der Spielstunden zeigte sich eine konfliktfreie Interaktion und aktive Beteiligung der Kinder und Mütter.

Die Spielstunden wurden als etwas Besonderes, sich vom alltäglichen Umgang mit dem Kind Unterscheidendes wahrgenommen und als ein schönes, angenehmes Erlebnis beschrieben. Der Aspekt des gemeinsamen Spaßhabens wird betont. Insbesondere ermöglichte das gemeinsame Spielen Nähe und Zuwendung in der Eltern-Kind-Beziehung. Der durch den Spielstundenplan visuell strukturierte Ablauf des Trainings bewirkte durch die Antizipation eine Vorfreude, Erwartung und Überschaubarkeit für die Familien. Innerhalb der Spielstunden erlebten die beteiligten Mütter ihre Kinder in ihrem Verhalten angemessen. Es ermöglichte ihnen, ihr Kind genau zu beobachten und neue Seiten an ihm wahrzunehmen. Ein Problemverhalten der Kinder trat nicht auf. Auch die Kinder lernten Seiten an ihren Müttern kennen, die sich vom Alltag unterschieden: lustiger, konzentrierter, leiser und motivierter zum Spielen.

In der Wirksamkeit zeigt das EKST:

⬦ Eine emotionale Annäherung und Beziehungsfestigung zwischen Mutter und Kind, indem eine förderlich, positive Interaktion zwischen Mutter und Kind in Gang gekommen ist. Ein offenerer zugewandterer Austausch sowie kooperativeres Miteinander entstehen.
⬦ Eine positive Veränderung im Verhalten der Kinder. Das Problemverhalten der Kinder tritt im Alltag nicht mehr auf bzw. hat sich reduziert.
⬦ Die Kinder werden als ruhiger und ausgeglichener im Alltag erlebt.
⬦ Über das Erleben der Spielstunden kam es bei den Müttern zu Einstellungs- und Verhaltensänderungen im Erziehungsverhalten mit einem Transfer in den Alltag.
⬦ Eine Verbesserung der Befindlichkeit der Mütter.
⬦ Eine natürliche Entwicklung der Rollenmuster zwischen Mutter und Kind.
⬦ Eine Entwicklung eines positiven kindlichen Selbstwertgefühls, bezogen auf den Familienbereich.

Die wahrgenommenen Veränderungen der Mütter an ihrer Person beschrieben sie darin, dass sie sensibler für die Wünsche und Bedürfnisse ihres Kindes geworden sind. Sie sind zur Eigenreflexion angeregt worden. Als positiv erlebten die Mütter, dass sie selbst größere Ruhe und Gelassenheit gewonnen haben. Sie sind nun eher bereit, sich dem Kind zu widmen, sich auf ihr Kind einzulassen. Die Mütter erkannten, wie bedeutsam es ist, dem Kind individuelle Zeit und Zuwendung zu schenken. Eine selbstkritische Auseinandersetzung mit bisherigem unangemessenen Erziehungsverhalten wurde in Gang gesetzt. Ebenso konnte der Transfer neu gewonnener Einsichten im Umgang mit dem Kind in den Alltag einfließen.

Durch den verbesserten Austausch und die Verstärkung der emotionalen Nähe zwischen Mutter und Kind zeigen sich auch natürlichere Rollenmuster. Die zuvor zurückhaltenden Mütter gewinnen mehr Führungskompetenzen, lenken und strukturieren das Spiel eindeutiger. Sie sind aktiver, aber unterstützen das Kind auch in seiner Eigenaktivität durch Aufgaben und Hilfestellungen. Darüber können Kinder Sicherheit erlangen, sich orientieren und ebenso notwendige Begrenzungen erfahren. Vor dem Training dominantere Mütter, die die Aufgaben ohne großen Einbezug der Kinder bewältigten, weisen nach dem Training ein viel kooperatives Verhalten auf. Allgemein bringen sich die Kinder nach dem Training aktiver ein, teilen ihre Mitarbeitsbereitschaft und ihre eigenen Ideen eher mit, worauf sich die Mütter in ihren Reaktionen besser als zuvor einstellen und einlassen können.

Auf der Grundlage der Ergebnisse der standardisierten Fragebogenerhebungen zeigt sich, dass sich ein deutlich reduziertes Problemverhalten der Kinder zugunsten von Entspannung im Alltag durch das EKST ergeben hat (CBCL/4–18). Im Erziehungs-Stil-Inventar (ESI) schreiben die Kinder ihren Müttern nach den Spielstunden ein konsistenteres Erziehungsverhalten zu. Dies ermöglicht bessere Bedingungen für das Kind, um sich auf die Mutter einzustellen und sich adäquat zu verhalten. Ebenso bewirkt das Spieltraining bei Kindern die Zunahme eines positiven Selbstwertgefühls im familiären Bereich (ALS/Bereich Familie).

7 Ausblick

7.1 Verbreitung des Trainings

Diesem Training ist eine möglichst weite Verbreitung zu wünschen, um damit vielen Eltern und Bezugspersonen bei der alltäglichen Erziehungsarbeit eine reibungsfreiere, konfliktärmere und achtungsvollere Kommunikation und Interaktion mit ihren Kindern möglich werden zu lassen und damit auch den Kindern und Jugendlichen ein gesundes und altersgerechtes Heranwachsen zu ermöglichen.

7.2 Weiterbildung zum Spieltrainer

Die therapeutische Arbeit mit Eltern und Kindern ist sehr anspruchsvoll. Sie unterscheidet sich deutlich von einer Beratungstätigkeit, die nur mit Erwachsenen stattfindet. Die kindlichen Entwicklungsbesonderheiten im Erleben und Verhalten verlangen von den psychologisch/therapeutisch arbeitenden Fachkräften neben Kompetenzen in der Gesprächsführung und systemischem Denken ein zusätzliches methodisches Repertoire, das auch Kinder und Jugendliche erreicht. Eine mögliche Form stellt das Eltern-Kind-Spiel-Training dafür dar, weil es durch den Einsatz des Mediums Spiel Kinder und Jugendliche gemeinsam mit ihren Eltern in Beziehung bringen kann.

Zum EKST werden bei Interesse und ausreichender Teilnehmerzahl in Leipzig Informations- und Schulungsveranstaltungen angeboten, die sich theoretisch und vor allem praktisch mit diesem Trainingsprogramm auseinandersetzen. Die in dieser Methode ausgebildeten Spieltrainer können in den verschiedenen Berufsfeldern der Psychotherapie, der Jugend- und Familienhilfe, im schul- und heilpädagogischen Kontext und der Integration das Training einsetzen.

7.3 Eltern-Kind-Therapie-Spiel: Wer fragt, der wagt

Auf der Suche nach geeigneten Spielen für das EKST konnte festgestellt werden, dass die Auswahl an therapeutischem Spielmaterial für die Beziehungsarbeit zwischen Eltern und Kind nicht sehr umfangreich ist. So wurde speziell für das EKST das Frage- und Antwortspiel: „Wer fragt, der wagt" (ein Angelspiel) entwickelt (Abbildung 12).

Abbildung 12: *„Wer fragt, der wagt" (von Vonau, 2010)*

Dieses Eltern-Kind-Spiel ist speziell für therapeutische und sozialpädagogische Arbeitsfelder entwickelt worden, in denen Eltern und Kinder gemeinsam spielerisch in Kontakt kommen können.

Auf vergnügliche und leicht erlernbare, spielerische Art und Weise kann mit dem Spiel sowohl das Kommunikationsverhalten von Eltern und Kind analysiert und verändert als auch das Gemeinschaftsgefühl in der Familie gestärkt werden.

Das Therapiespiel verhilft insbesondere bei gestörter Eltern-Kind-Beziehung überhaupt eine Kommunikation in Gang zu bringen. Dabei knüpft der spielerische Charakter an das Grundbedürfnis der Kinder nach Spiel an und verschafft darüber den Mitspielern eine angenehme Beziehungserfahrung, ohne dass allein das Problemverhalten im Vordergrund steht.

Das Spiel ermöglicht Kindern und Eltern, ihre Gedanken, Gefühle und Bedürfnisse zu unterschiedlichen Fragen von Miteinander und Füreinander auszudrücken und weiterzuentwickeln.

Gleichzeitig kann dieses Therapiespiel auch dazu dienen, Störungsquellen in der Eltern-Kind-Interaktion zu analysieren, und darüber eine entwicklungsfördernde Kommunikationskultur unterstützen. Es zeigt auf, wie die Beziehung der Eltern und dem Kind wahrgenommen und aus verschiedenen Perspektiven auch unterschiedlich beurteilt werden kann.

Klare und einfach verständliche Regeln, lustige und ernsthafte Fragen machen das Spiel zu einem universellen Therapiespiel, das unabhängig von Therapie-Schulen, also verfahrensübergreifend, zum Einsatz kommen kann. Es dient der Ressourcenaktivierung (Skills-Training) im Sinne einer Allgemeinen Psychotherapie. In Verbindung mit einer Videoerfassung kann das Spiel auch zur Veränderungsdokumentation, besonders zur Rückmeldung des Eltern-Verhaltens bzw. der Entwicklung des Kindes, eingesetzt werden. Es dient aber auch zur Entwicklung von Empathiefähigkeit, zum Training der Perspektivenübernahme, beim Kind zum Aufbau von kommunikativem Selbstbewusstsein und von Ich-Bewusstsein im Verhältnis zu anderen.

Das Angelspiel wurde als ein Bestandteil im Rahmen des wissenschaftlich evaluierten Eltern-Kind-Spiel-Trainings entwickelt und erfolgreich erprobt. Eine Mutter schildert dazu ihren Eindruck: „So, ein schönes Spiel, war zum Beispiel, dass mit dem Fischen. Mit dem Fischspiel, da, das hat mir sehr gefallen. So weil, das war gleichzeitig mehr ein Frage- und Antwortspiel. Und da konnte man sehr viel erfahren über sich selbst (…)" [Anmerkung der Autorinnen: Gemeint ist das Spiel „Wer fragt, der wagt" (Angelspiel von Fragekärtchen) (Vonau, 2005, S. 277)].

Spielmaterial

100 Fragekarten sortiert:

☺ 48 blaue Beziehungsfragekärtchen für beide Mitspieler
☺ 24 grüne Aktionskärtchen für beide Mitspieler
☺ 14 gelbe Kinderfragekärtchen
☺ 14 rote Elternfragekärtchen

Zwei Angeln, ein zusammensteckbares Angelbecken aus biegsamem Plastik, Mütze für das Kind, handlich in einem Angelrucksack verpackt.

Spielablauf

Das „Wer fragt, der wagt"-Spiel ist ähnlich einem Angelspiel aufgebaut, in dem das Kind und eine ggf. auch zwei Bezugspersonen abwechselnd nacheinander Fragen ziehen. Die gezogene Karte wird von dem Angelnden laut für den Mitspieler vorgelesen, der sie dann auch beantworten soll. Schon bei dieser Spielregel wird versucht, die Aufmerksamkeit der Spieler aufeinander zu verstärken.

Das Spiel enthält Fragen zur Person, z. B. *Was macht dich sehr traurig?*, zur Eltern-Kind-Beziehung, z. B. *Worüber würde sich dein Mitspieler sehr freuen?*, zum Erleben als Elternteil, z. B. *Worin erkennen Sie sich in Ihrem Kind wieder?* und zur Befindlichkeit als Kind, z. B.

Warst du schon einmal eifersüchtig auf deine Geschwister? Die Aktionskärtchen dienen vor allem der Auflockerung und dem gemeinsamen Spaß am Spielen, z. B. *Zwicke deinen Mitspieler zwei Mal!*

Der antwortende Mitspieler darf dann die Fragekarte behalten. Sollte ein Mitspieler eine Karte nicht beantworten wollen, so kann der andere Mitspieler diese beantworten und diese auch behalten oder die Karte wird wieder zurückgelegt.

Angelt ein Kind eine Kindkarte, so muss es diese selbst beantworten. Ebenso wird mit den Elternkarten verfahren.

Sieger ist der Spieler, der am Ende des Spiels die höchste Anzahl an Fragekärtchen hat. Durch unterschiedliche Fragekärtchen (z. B. Elternfragen, Kindfragen, Aktionskärtchen) ist eine variable Anzahl an Karten möglich.

Therapeutischer Gestaltungsraum des Spiels

Mit diesem Spiel wird dem Therapeuten durch Vorauswahl der Fragekärtchen die Möglichkeit gegeben, individuell auf die subjektiven Lebens- und Beziehungswelten zwischen Kind und Elternteil einzugehen.

Alle Fragekärtchen fordern zu einer gezielten Antwort auf und überlassen es dem Mitspieler selbst, inwieweit er die Fragen vertiefen möchte. Es ist erlaubt, Fragen unbeantwortet zu lassen bzw. vom Mitspieler beantworten zu lassen.

Das Spiel kann dazu anregen, aufkommende Themen zwischen den Mitspielern intensiver auszutauschen, indem der Therapeut die Auseinandersetzung durch Zusatzfragen aktiviert.

Die Spieldauer kann durch die Anzahl der Kärtchen variiert werden.

Anwendungsbereiche

In der Kinder- und Jugendlichenpsychotherapie: verhaltenstherapeutisch, tiefenpsychologisch fundiert und klientenzentriert orientiert, in Systemischer Therapie und Familientherapie, Erziehungsberatung, Sozial- und Sonderpädagogik, Gesundheitsförderung durch Therapeuten, Sozialpädagogen, Heilpädagogen, Erzieher mit dem Schwerpunkt der Eltern-Kind-Arbeit bei Bindungs- und Kommunikationsstörungen.

Altersbereich

Für Kinder zwischen 6 und 15 Jahren. Sollte das Kind noch nicht lesen können, dürfen die Eltern gern helfen.

Das Spiel kann über A. Vonau erworben werden, ein Bestellschein findet sich im Anhang.

Literatur

Ahlheim, R. & Eickmann, H. (1999). Wirkfaktoren in der Arbeit mit Eltern. *Analytische Kinder- und Jugendlichenpsychotherapie: Zeitschrift für Theorie und Praxis der Kinder- und Jugendlichen-Psychoanalyse und tiefenpsychologisch fundierten Psychotherapie, 30* (3), 381–397.

Ainsworth, M.D.S. (1977). Feinfühligkeit versus Unempfindlichkeit gegenüber Signalen des Babys. In K.E. Grossmann (Hrsg.), *Entwicklung der Lernfähigkeit in der sozialen Umwelt* (S. 98–107). München: Kindler.

Arbeitsgruppe Deutsche Child Behaviour Checklist (1998). *Elternfragebogen über das Verhalten von Kindern und Jugendlichen: deutsche Bearbeitung der Child Behaviour Checklist (CBCL/4–18). Einführung und Anleitung zur Handauswertung* (2. Aufl. mit deutschen Normen, bearbeitet von M. Döpfner, J. Plück, S. Bölte, K. Lenz, P. Melchers & K. Heim). Köln: Arbeitsgruppe Kinder-, Jugend- und Familiendiagnostik.

Armbruster, M. (2006). *Eltern-AG: Das Empowerment-Programm für mehr Elternkompetenz in Problemfamilien*. Heidelberg: Carl-Auer.

Axline, V. M. (1997). *Kinder-Spieltherapie im nichtdirektiven Verfahren* (Beiträge zur Kinderpsychotherapie, Bd. 11, 9. Aufl.). München: Reinhardt.

Bach, H. & Gloger-Flender, R. (1994). *Wirkungen einer an der Lebenssituation sozial benachteiligter Familien der Grundschicht orientierten Elternarbeit der Schule*. Dissertation, Universität Wuppertal.

Birkholz, M. (2000). *Eltern-Kind-Training per Home-Video*. Ein beziehungsstiftendes Trainingsprogramm. Viersen: Verlag Humanes Lernen.

Boessmann, U. (2000). *Psychoanalytisch und tiefenpsychologisch fundierte Berichte an den Gutachter schnell und sicher schreiben mit Berücksichtigung der ICD-10 und OPD sowie Anträgen zur Kurzzeittherapie und Anträgen bei Kindern und Jugendlichen*. Bonn: Deutscher Psychologen Verlag GmbH.

Borg-Laufs, M. (1996). *Das Training mit aggressiven Kindern aus der Perspektive der Selbstmanagementtherapie*. Frankfurt am Main: Peter Lang.

Briesmeister, J.M. & Schaefer, Ch.E. (1998). *Handbook of parent training: parents as co-therapists for children's behavior problems* (2nd ed.). New York: John Wiley & Sons.

Brisch, K.H. (1999). *Bindungsstörungen* (3. Aufl.). Stuttgart: Klett-Cotta.

Cordes, R. (2000). *Videogestütztes Trainingsprogramm für Risikofamilien*. Entwicklung und Erprobung eines Video-Interaktionstrainings. Hamburg: Dr. Kovač.

Dekker, T. (1999). Entwicklung des Video-Home-Trainings in den Niederlanden. In M. Kreuzer & H. Räder (Hrsg.), *Video-Home-Training* (2., erw. Aufl.) (S. 97–108). Mönchengladbach: Fachhochschule Niederrhein, Fachbereich Sozialwesen.

Dilling, H., Mombour, W. & Schmidt, M.H. (Hrsg.). (2008). *Internationale Klassifikation psychischer Störungen: ICD-10 Kapitel V (F) Klinisch-diagnostische Leitlinien* (6. Aufl.). Bern: Huber.

Döpfner, M. (2006). Prävention. In F. Mattejat (Hrsg.), *Verhaltenstherapie mit Kindern und Jugendlichen und ihren Familien* (Lehrbuch der Psychotherapie für die Ausbildung zum Kinder- und Jugendlichentherapeuten und für die ärztliche Weiterbildung, Bd. 4) (S. 691–701). München: CIP-Medien.

Döpfner, M., Lehmkuhl, G. & Schürmann, S. (1995). Elterntraining bei hyperkinetischen Störungen. In H.C. Steinhausen (Hrsg.), *Hyperkinetische Störungen im Kindes- und Jugendalter* (S. 178–208). Stuttgart: Kohlhammer.

Döpfner, M., Plück, J., Bölte, S., Lenz, K., Melchers, P. & Heim, K. (1998). *Elternfragebogen über das Verhalten von Kindern und Jugendlichen. Deutsche Bearbeitung der Child Behavior Checklist (CBCL/4–18). Einführung und Anleitung zur Handauswertung* (2. Aufl. mit deutschen Normen). Köln: Arbeitsgruppe Deutsche Child Behavior Checklist KJFD, Arbeitsgruppe Kinder-, Jugend- und Familiendiagnostik.

Döpfner, M., Schürmann, S. & Frölich, J. (1998). *Therapieprogramm für Kinder mit hyperkinetischem und oppositionellem Problemverhalten THOP* (2. Aufl.). Weinheim: Psychologie Verlags Union.

Eisert, M., Eisert, H. & Schmidt, M. (1985). Hinweise zur Behandlung im häuslichen Milieu ("home-treatment"). *Zeitschrift für Kinder- und Jugendpsychiatrie, 13* (4), 268–279.

Epstein, S. (1990). Cognitive-experiental self-theory. In L.A. Pervin (Ed.), *Handbook of personality. Theory and research* (pp. 165–192). New York: Guilford Publications, Inc.

Epstein, S. (1993). Implications of cognitive-experiential self-theory for personality and developmental psychology. In D.C. Funder, R.D. Parke, C. Tomlinson-Keasey & K. Widaman (Eds.), *Studying lives through time: Personality and development* (pp. 399–438). Washington: American Psychological Association.

Erikson, E.H. (1999). *Kindheit und Gesellschaft* (13. Aufl.). Stuttgart: Klett-Cotta.

Eyberg, S.M. & Boggs, S.R. (1998). Parent-Child Interaction Therapy: A Psychosocial Intervention for the Treatment of Young Conduct-Disordered Children. In J.M. Briesmeister & C.E. Schaefer (Eds.), *Handbook of parent training: parents as co-therapists for children's behavior problems* (2nd ed.) (pp. 61–97). New York: John Wiley & Sons.

Flitner, A. (1986). *Spielen lernen.* Praxis und Deutung des Kinderspiels (8. Aufl.). München: Piper.

Freud, A. (1929*). Einführung in die Technik der Kinderanalyse.* Wien: Internationaler Psychoanalytischer Verlag.

Goetze, H. (2002). *Handbuch der personenzentrierten Spieltherapie.* Göttingen: Hogrefe.

Grawe, K. (2004). *Neuropsychotherapie.* Göttingen: Hogrefe.

Grimm, K. & Mackowiak, K. (2006). Kompetenztraining für Eltern sozial auffälliger und aufmerksamkeitsgestörter Kinder (KES). *Praxis der Kinderpsychologie und Kinderpsychiatrie, 55,* 363–383.

Häfner, S., Franz, M., Lieberz, K. & Schepank, H. (2001). Psychosoziale Risiko- und Schutzfaktoren für psychische Störungen: Stand der Forschung. Teil 2: Psychosoziale Schutzfaktoren. *Psychotherapeut, 6,* 403–408.

Hahlweg, K. (2001). Prävention von kindlichen Verhaltensstörungen. Bevor das Kind in den Brunnen fällt. In W. Deutsch & M. Wenglorz (Hrsg.), *Zentrale Entwicklungsstörungen bei Kindern und Jugendlichen* (S. 189–241). Stuttgart: Klett-Cotta.

Heckhausen, H. (1964). Entwurf einer Psychologie des Spielens. *Psychologische Forschung, 27,* 225–243.

Heimlich, U. (2001). *Einführung in die Spielpädagogik*. Eine Orientierungshilfe für sozial-, schul- und heilpädagogische Arbeitsfelder. Bad Heilbrunn: Klinkhardt.

Herriger, N. (1995). Empowerment – oder: Wie Menschen Regie über ihr Leben gewinnen. *Sozialmagazin, 20* (3), 34–40.

Herriger, N. (1997). *Empowerment in der sozialen Arbeit. Eine Einführung*. Stuttgart: Kohlhammer.

Innerhofer, P. (1977). *Das Münchner Trainingsmodell*. Berlin: Springer.

Innerhofer, P. & Warnke, A. (1980). Elterntraining nach dem Münchner Trainingsmodell – Ein Erfahrungsbericht. In H. Lukesch, M. Perrez & K. Schneewind (Hrsg.), *Familiäre Sozialisation und Intervention* (S. 417–439). Bern: Huber.

Kaatz, S. (1998). Personenzentrierte Kinderspieltherapie. In W. Körner & G. Hörmann (Hrsg.), *Handbuch der Erziehungsberatung. Anwendungsbereiche und Methoden der Erziehungsberatung, Bd. 1*, (S. 357–377). Göttingen: Hogrefe.

Klein, M. (1932). *Antiautoritäre Erziehung: Die Psychoanalyse des Kindes* (Revolutionäre Schriften XIII). Wien: Internationaler Psychoanalytischer Verlag.

König, C. (1996). *Video Home Training – eine effektive Form der Elternarbeit im Rahmen der Frühförderung*. Münster: LIT.

Kreller, K. (2012). *Eltern-Kind-Therapieprogramme – Das EKST von Vonau (2005)*. Unveröffentlichte Diplomarbeit, Universität Leipzig.

Kreuzer, M. (1999). Einordnung des Video-Home-Trainings und seiner Grundlagen in die fachliche Diskussion. In M. Kreuzer & H. Räder (Hrsg.), *Video-Home-Training* (2., erw. Aufl.) (S. 373–427). Mönchengladbach: Fachhochschule Niederrhein, Fachbereich Sozialwesen.

Kreuzer, M. & Räder, H. (1999). *Video-Home-Training*. Kommunikation im pädagogischen Alltag: Eine erprobte Methode (nicht nur) in der Familienhilfe (2., erw. Aufl.). Mönchengladbach: Fachhochschule Niederrhein, Fachbereich Sozialwesen.

Krohne, H.W. & Pulsack, A. (1995). *Das Erziehungsstil-Inventar, ESI: Manual* (2. Aufl.). Göttingen: Beltz.

Kunstmann-Reebs, E. (1998). *Kooperation mit Eltern im Sonderpädagogischen Förderzentrum*. Ein Handlungsmodell und seine Überprüfung. Frankfurt am Main: Peter Lang.

Lauth, G.W. & Heubeck, B. (2006). *Kompetenztraining für Eltern sozial auffälliger Kinder (KES)*. Göttingen: Hogrefe.

Lauth, G.W., Otte, T.A. & Heubeck, B.G. (2009). Effectiveness of a competence training programme for parents of socially disruptive children. *Emotional and Behavioural Difficulties, 14*, 117–126.

Lund, B., Rheinberg, F. & Gladasch, U. (2001). Ein Elterntraining zum motivationsförderlichen Erziehungsverhalten in Leistungskontexten. *Zeitschrift für Pädagogische Psychologie, 15* (3/4), 130–143.

Manual zum Triple P-Gruppentraining: *Kapitel 1 – Das Triple P Gruppenprogramm*. Unveröffentl. Material vom Präventivzentrum des Instituts Braunschweig.

Oerter, R. (2008). Kindheit. In R. Oerter & L. Montada (Hrsg.), *Entwicklungspsychologie* (6. Aufl.) (S. 225–270). Weinheim: Beltz.

Papousek, H. & Papousek, M. (1987). Intuitive parenting. A dialectic counterpart of the infant's integrative competence. In J. Osofsky (Ed.), *Handbook of Infant Development* (2nd ed.) (pp. 669–720). New York: Wiley.

Papousek, M., Hofacker, N. von, Malinowski, M., Jacubeit, T. & Cosmovici, B. (1994). Münchner Sprechstunde für Schreibabies. Erste Ergebnisse zur Früherkennung und Prävention von Störungen der Verhaltensregulation und der Eltern-Kind-Beziehungen. *Sozialpädiatrie in der Pädiatrie, 16,* 680–686.

Peterander, F. (1992). Erfassung entwicklungsförderlichen Elternverhaltens. *Frühförderung interdisziplinär: Zeitschrift für Frühe Hilfen und frühe Förderung benachteiligter, entwicklungsauffälliger und behinderter Kinder, 11,* 18–23.

Petermann, F. & Petermann, U. (1998). *Training mit aggressiven Kindern.* Einzeltraining, Kindergruppen, Elternberatung (8., überarb. Aufl.). Weinheim: Psychologie Verlags Union.

Petermann, F. & Petermann U. (2003). *Training mit sozial unsicheren Kindern.* Einzeltraining, Kindergruppen, Elternberatung (8., korrigierte und ergänzte Aufl.). Weinheim: Beltz.

Petersen, M.L. (1999). Überlegungen zur Wahl des Settings für die begleitende Psychotherapie der Bezugspersonen. *Analytische Kinder- und Jugendlichenpsychotherapie: Zeitschrift für Theorie und Praxis der Kinder- und Jugendlichen-Psychoanalyse und tiefenpsychologisch fundierten Psychotherapie, 30* (3), 339–360.

Pleyer, K.H. (2002). Systemische Spieltherapie – Kooperationswerkstatt für Eltern und Kind: Vorschläge aus der Praxis einer kinderpsychiatrischen Tagesklinik. In W. Rotthaus (Hrsg.), *Systemische Kinder- und Jugendlichenpsychotherapie* (2. Aufl.) (S. 125–159). Heidelberg: Carl Auer.

Räder, H. (1999). Der fachliche Grundkonsens der Entwicklungen des Video-Home-Training. In M. Kreuzer & H. Räder (Hrsg.), *Video-Home-Training* (2., erw. Aufl.) (S. 77–96). Mönchengladbach: Fachhochschule Niederrhein, Fachbereich Sozialwesen.

Sanders, M.R. (1999). The Triple P-Positive Parenting Program. Towards an empirically validated multi-level parenting and family support strategy for the prevention and treatment of child behavior and emotional problems. *Child and Family Psychology Review, 2,* 71–90.

Sanders, M.R., Markie-Dadds, C. & Turner, K.M.T. (2000). *Positive Erziehung.* Triple P – Positives Erziehungsprogramm (dt. Ausgabe: Institut PAG, 2. Aufl.). Münster: Verlag für Psychotherapie.

Schauder, T. (1996). *Die Aussagen-Liste zum Selbstwertgefühl für Kinder und Jugendliche.* Manual zum Test (2. Aufl.). Göttingen: Beltz Test.

Schepers, G. (1999). Einsatz von Video als Feedbackinstrument im Video-Home-Training. In M. Kreuzer & H. Räder (Hrsg.), *Video-Home-Training* (2., erw. Aufl.) (S. 109–127). Mönchengladbach: Fachhochschule Niederrhein, Fachbereich Sozialwesen.

Schepers, G. & König, C. (2000). *Video Home Training. Eine neue Methode der Familienhilfe.* Weinheim: Beltz.

Schubert, F.C. (1999). Eltern- und Familientrainings: Fachliche Entwicklungen vom Training zum systemischen Denken. In M. Kreuzer & H. Räder (Hrsg.), *Video-Home-Training* (2. Aufl.) (S. 19–61). Mönchengladbach: Fachhochschule Niederrhein, Fachbereich Sozialwesen.

Sodtke, D. & Armbruster, M. (2007). ELTERN-AG – Die niedrigschwellige Elternschule für die frühe Kindheit. *Praxis der Kinderpsychologie und Kinderpsychiatrie, 56,* 707-720.

Stark, W. (1996). *Empowerment.* Freiburg im Breisgau: Lambertus.

Stern, D. (1994). *Mutter und Kind.* Die erste Beziehung (2. Aufl.). Stuttgart: Klett-Cotta.

Tilke, B. & Wurz, A. (1998). *Eltern stark machen.* Bausteine für Elternabende zu Suchtvorbeugung und ähnlichen Erziehungsaufgaben (2. Aufl.). Aktion Jugendschutz Landesarbeitsstelle Baden-Württemberg (Hrsg.). Stuttgart: G.R. Corona GmbH.

Volpert, W. (1971). *Sensomotorisches Lernen.* Zur Theorie des Trainings in Industrie und Sport. Schriftenreihe Training und Beanspruchung (Bd. 1). Frankfurt am Main: Limpert.

Vonau, A. (2005). *Elternarbeit in Tagesgruppen: Ergebnisse einer schriftlichen Befragung von Mitarbeitern in Tagesgruppen und der Erprobung eines Eltern-Kind-Spiel-Trainings.* Unveröffentlichte Dissertation, Universität Leipzig.

Walg, M. (2011). *Wirksamkeit des „Kompetenztrainings für Eltern sozial auffälliger Kinder" (KES) aus Sicht von Erziehungspersonen und deren Kindern.* Unveröffentlichte Dissertation, Universität zu Köln.

Winnicott, D.W. (1995). *Vom Spiel zur Kreativität* (8. Aufl.). Stuttgart: Klett-Cotta.

Wolke, D. (1997). Die Entwicklung und Behandlung von Schlafproblemen und exzessivem Schreien im Vorschulalter. In F. Petermann (Hrsg.), *Kinderverhaltenstherapie. Grundlagen und Anwendungen* (S. 154–203). Baltmannsweiler: Schneider.

Zulliger, H. (1967). *Heilende Kräfte im kindlichen Spiel* (5. Aufl.). Eschborn: D. Klotz.

Teil II

Arbeitsblätter zum Training

Arbeitsblätter
zum Eltern-Kind-Spiel-Training

Anhang

Evaluation

Die Arbeitsblätter und Vorlagen stehen unter www.dgvt-verlag.de zum Downloaden

Eltern-Kind-Spiel-Training

Trainingshandbuch

Familie: ....

Kind: .... Alter: .... Jahre

Trainingszeitraum: von .... bis ....

Angaben zur Familie

Erstkontakt: _____   Trainingsende:_____

Familie: _____

Adresse: _____

Telefon: _____

Angaben zum Kind

Name: -- geb.:------------------------------------

Schule: -- Kl.: ------------------------------------

Angaben zu den Eltern

Mutter:

Name: -- geb.: -----------------------------------

Schulabschluss: ------------------------------------ Beruf: -------------------------------

Aktuelle Tätigkeit: _____

Familienstand: _____

Vater:

Name:_____ geb.: _____

Schulabschluss: _____ Beruf: _____

Aktuelle Tätigkeit: _____

Familienstand: _____

Geschwister:

Name/Alter: _____

Sonstiges: (Psychotherapeutische oder andere Vorbehandlungen, Krankheiten, Behinderung, Familiensituation etc.):

_____

_____

_____

_____

_____

_____

Allgemeine Lebenssituation der Familie
(wird vom Elternteil, welcher am EKST teilnimmt, durch den Trainer erfragt)

Wie würden Sie Ihre allgemeine Lebenssituation bewerten? gut/problematisch

Warum? _____

_____

Besondere Belastungen:

_____

_____

Arbeitssituation:

_____

_____

Wirtschaftliche Situation: (bezogen auf Einkommen, Schulden etc.)

_____

_____

Wohnsituation: (ausreichende Anzahl an Zimmern, Kinderzimmer vorhanden?, Veränderungen erwünscht, welche?)

_____

_____

Gesundheitszustand: (Gibt es beeinträchtigende, gesundheitliche Einschränkungen innerhalb des Familiensystems?)

_____

_____

Stärken/Ressourcen:
Welche besonderen Stärken haben Sie? Was hilft Ihnen, wenn es Ihnen nicht gut geht?

_____

_____

Wer unterstützt Sie im Alltag und in schwierigen Lebenssituationen? Und womit?

_____

_____

Angaben zur Entwicklung des Kindes

Schwangerschaft:

Wunschkind: _____

Einnahme von Alkohol/Nikotin/Drogen/Medikamenten während der Schwangerschaft:

_____

Körperliches Befinden: _____

_____

Seelisches/Psychisches Befinden: _____

_____

Sonstige Komplikationen/Auffälligkeiten: _____

_____

Geburt:

Termingerecht: _____

Verlauf/ Komplikationen: _____

_____

Anpassung des Kindes: _____

Atmung: _____ Apgar: _____

Geburtsgröße: _____ cm   Geburtsgewicht : _____ g

Ernährung:

Wurde das Kind gestillt? _____ Wie lange? _____

Gab es Schwierigkeiten mit der Ernährung? _____

Wie erlebten Sie Ihr Kind als Baby? _____

_____

Wer hat sich hauptsächlich um das Baby gekümmert? _____

Wie hat sich der Vater mit dem Baby beschäftigt, es versorgt? _____

_____

Frühkindliche Entwicklung:

Freies Sitzen: _____ Monate

Freies Laufen: _____ Monate

Feinmotorik: _____

Sprachentwicklung: _____

Sauberkeit   tags: _____ Jahre   nachts: _____ Jahre

Auffälligkeiten bei der Sauberkeitsentwicklung: _____

Notwendige therapeutische Förderung in früher Kindheit: _____

_____

Krankheiten/Krankenhaus- oder Kuraufenthalte/OPs/Unfälle: _____

_____

_____

Längere Trennungsphasen von den Bezugspersonen: _____

_____

Trotzalter: _____

Soziale Entwicklung:

Wie lange wurde das Kind zu Hause betreut? _____

Kinderkrippenbesuch (ab wann? Wie erlebte das Kind die Trennung?) _____

_____

Kindergartenbesuch (Gruppenintegration?) _____

_____

Einschulung (altersgerecht?) _____

Aktuelle Schulform: _____ Klasse: _____

Leistungsverhalten: _____

Soziales Verhalten: _____

Allgemeiner Entwicklungsstand körperlich/geistig: _____

Freizeit/Interessen/Spielverhalten: _____

Bedeutsame Lebensereignisse (Umzug, Geburt Geschwister/Krankheit der Eltern/Verlust von Bezugspersonen):

_____

_____

_____

Genogramm

Vorgespräch mit dem Kind

Name: _____ Datum: _____

Tages- und Wochenablauf

Erzähle mir doch mal, wie bei dir ein ganz normaler (Wochen-)Tag aussieht: _____

_____

_____

... und am Wochenende: _____

_____

Womit beschäftigst du dich am liebsten? _____

_____

Gibt es irgendetwas, was du gern einmal machen möchtest? _____

_____

Beziehung zur Familie

Was gefällt dir gut an deiner Familie? _____

_____

Was würdest du dir anders wünschen? _____

_____

Was gefiel dir in der letzten Woche zu Hause am besten? (Schönes Erlebnis) _____

_____

Was machst du mit deiner Mutti/deinem Vati gemeinsam? _____

_____

Wie kommst du mit deinen Eltern/Geschwistern aus? _____

_____

Gibt es Probleme zwischen dir und deinen Eltern? Wenn ja, welche? _____

_____

Was sind deine Aufgaben/Pflichten zu Hause? _____

_____

Gibt es Verbote? Zähle bitte auf, was du nicht tun darfst! _____

_____

☺ Spielstundenvertrag ☺

Zwischen
der Mutter/dem Vater:

☺ …………………………………………… ☺

und
dem Kind:

☺ ……………………………………………. ☺

werden ab ……………………… gemeinsame Spielstunden,
angeleitet durch

Frau/Herrn …………………………………………………, vereinbart.

Die 🕐 Termine 🕐 werden auf dem
Eltern-Kind-Spiel-Stundenplan*
eingetragen.

Ort: ………………………………   Datum: …………………………

Unterschriften: …………………………………………………………

Fingerabdrücke: ✋   ✋   ✋

* Eltern-Kind-Spiel-Stundenplan siehe unter Vorlagen

Übersicht über die Trainingssitzungen

Familie: _____ Kind: _____

Std.	Datum	Vorbereitungsgespräche	
1			
2			
3			
4			

Std.	Tag/Datum/Zeit	Inhalt der Trainingsstunde	Sonstiges
1			
2			
3			
4			
5			
6			
7			
8			
9			
	Abschlussstunde		
	Auswertung:		

Protokoll zur
Eltern-Kind-Spiel-Stunde

Familie: _____ Kind: _____

Stunde: _____ Tag/Datum: _____ Zeit: von _____ bis _____

Teilnehmer: _____

Inhaltliche Planung der Stunde:

_____

_____

_____

_____

Aktuelle Familiensituation:

_____

_____

_____

_____

Verlauf der Spielstunde:

_____

_____

_____

_____

_____

_____

_____

Weitere Interventionen des Spieltrainers:

_____

_____

_____

_____

Sonstiges (Störungen/Veränderung des Ablaufs/Abbruch etc.):

_____

_____

_____

_____

Vereinbarungen und Absprachen bis zur nächsten Spielstunde am:

_____

_____

_____

Nächste Spielstunde am: _____ Zeit: _____ Uhr

Standardsituation Gespräch

Spielart

Verbale und nonverbale Kommunikation

Ziel

Gemeinsam miteinander in Kontakt kommen, Beziehung zueinander herstellen, Verbalisieren von Gefühlen, Zuhören und Wahrnehmen, Empathie schulen

Material

Zur Vorbereitung werden die Fragekärtchen für Elternteil und Kind auf jeweils unterschiedlich farbigem Tonkarton kopiert und ausgeschnitten.

Zeit

ca. 10–15 min, abhängig vom Gesprächsverhalten der Teilnehmer

Spielanleitung

Die einzelnen Kärtchen werden mit der Frage verdeckt auf den Tisch gelegt. Abwechselnd ziehen die Spielpartner eine Karte, lesen diese laut vor und beantworten sie. Darüber hinaus besteht die Möglichkeit, dass der Mitspieler etwas dazu ergänzen kann.

Zusatz:

Die Reihenfolge der Karten kann vorher per Zahlen auf der Rückseite der Karten festgelegt werden. Möchte ein Spielpartner eine Frage erst im späteren Verlauf beantworten, kann diese vorerst zur Seite gelegt werden und eine neue gezogen werden. Die beiden Fragekarten: „Was ich sonst noch sagen möchte …" und „Was mir sonst noch wichtig ist …" werden als letzte Karten beantwortet.

Hinweise zur Durchführung

Nach der Anleitung des Spiels durch den Spieltrainer wird die gesamte Gesprächssituation mit Videotechnik aufgezeichnet.

+ Wichtig:

Der Spieltrainer nimmt eine möglichst neutrale Beobachtungsposition ein. Es werden während der Interaktionssequenzen keine Kommentare abgegeben oder Rückfragen gestellt. Ergänzungen erfolgen lediglich, wenn Verständnisprobleme bzgl. der Fragekärtchen bestehen.

Auswertung

☺ Wie erlebten Sie (Eltern) und du (Kind) dieses Spiel?

Auswertung durch den Trainer:

Zusätzlich kann durch den Trainer eine individuelle Auswertung der Videoaufnahmen im Vergleich der Interaktion zwischen Eltern und Kind vor und nach dem Training erfolgen, um mögliche Veränderungen auf der Beziehungsebene verbal/nonverbal zu erkennen. Dies kann zu wissenschaftlichen Zwecken der Trainingsevaluation genutzt werden.

Am Ende des Trainings könnten der Familie ebenso kurze Sequenzen präsentiert werden, indem positive Interaktionen besonders herausgestellt werden.

Standardsituation Gespräch

Fragen an das Kind über die Mutter

Was magst du an deiner Mutter besonders gern?	**In welchen Situationen hast du richtig Stress mit deiner Mutter?**
Verbringt ihr in der Familie manchmal gemeinsame Freizeit? ... und was macht ihr dann?	**Was findest du nicht so gut an deiner Mutter?** ... und warum?
Wie könntest du deiner Mutter eine Freude machen?	**Wobei hilft dir deine Mutter am meisten?**
Würdest du gern mehr Zeit mit deiner Mutter verbringen? ... und was würdest du dann machen wollen?	**Wenn du einen Tag ganz allein mit deiner Mutter verbringen könntest, was würdest du dann gern machen?**
Was ich sonst noch sagen möchte ...	

Standardsituation Gespräch

Fragen an das Kind über den Vater

✂

Was magst du an deinem Vater besonders gern?	**In welchen Situationen hast du richtig Stress mit deinem Vater?**
Verbringt ihr in der Familie manchmal gemeinsame Freizeit? ... und was macht ihr dann?	**Was findest du nicht so gut an deinem Vater? ... und warum?**
Wie könntest du deinem Vater eine Freude machen?	**Wobei hilft dir dein Vater am meisten?**
Würdest du gern mehr Zeit mit deinem Vater verbringen? ... und was würdest du dann machen wollen?	**Wenn du einen Tag ganz allein mit deinem Vater verbringen könntest, was würdest du dann gern machen?**
Was ich sonst noch sagen möchte ...	

Standardsituation Gespräch

Fragen an die Mutter/den Vater über das Kind

✂

Was finden Sie besonders liebenswert an Ihrem Kind?	**Was braucht Ihr Kind am meisten von Ihnen?**
Womit können Sie Ihrem Kind am besten helfen, seine Probleme zu bewältigen?	**Wann haben Sie das letzte Mal mit Ihrem Kind gemeinsam gespielt?** ... und was?
Was sind für Sie schöne Erlebnisse mit Ihrem Kind?	**Womit könnten Sie Ihrem Kind eine Freude bereiten?**
Was empfinden Sie im Umgang mit Ihrem Kind besonders schwierig?	**Was wünschen Sie sich von Ihrem Kind?**
Was mir sonst noch wichtig ist ...	

Standardsituation
Spielerische Problemlösung

Spielart

Kreatives Gestalten

Ziel

Gemeinsames Finden einer Lösung durch Absprache, Kompromissfindung, Arbeitsteilung, Spaß und Freude am Miteinander, Eingehen auf den anderen

Material

Siehe Anleitungsbogen:

> Unser gemeinsames Kunstwerk: Tierbild (Arbeitsblatt 11a/EKST)

> Unser gemeinsames Bauwerk: Turmbau (Arbeitsblatt 11b/EKST)

Zeit

ca. 10 min

Spielanleitung

Der Anleitungsbogen wird erklärt und bleibt auf dem Tisch liegen.

Hinweise zur Durchführung

Nach der Anleitung zur Aufgabe durch den Trainer wird die gesamte spielerische Problemlösung mit Videotechnik aufgezeichnet.

+ Wichtig:

Der Spieltrainer nimmt eine möglichst neutrale Beobachtungsposition ein. Es werden während der Interaktionssequenzen keine Kommentare abgegeben oder Rückfragen gestellt. Ergänzungen erfolgen lediglich, wenn Verständnisprobleme bestehen oder eine Aufgabe noch erfüllt werden sollte.

Auswertung

☺ Wie ging es Ihnen (Eltern) und dir (Kind) mit diesem kreativen Spiel?

☺ Was war einfach/was war schwierig?

☺ Wer hatte die Führung übernommen?

☺ Wart ihr euch eher einig/uneinig?

☺ Gab es Ähnlichkeiten zum Alltag?

Auswertung durch den Trainer:

Zusätzlich kann durch den Trainer eine individuelle Auswertung der Videoaufnahmen im Vergleich der Interaktion zwischen Eltern und Kind vor und nach dem Training erfolgen, um mögliche Veränderungen auf der Beziehungsebene verbal/nonverbal zu erkennen. Dies kann zu wissenschaftlichen Zwecken der Trainingsevaluation genutzt werden.

Am Ende des Trainings könnten der Familie ebenso kurze Sequenzen präsentiert werden, indem positive Interaktionen besonders herausgestellt werden.

Standardsituation
Spielerische Problemlösung 1

Unser gemeinsames Kunstwerk

Ihr seid beide weltberühmte Künstler!

Nun erhaltet ihr den Auftrag, aus Papier ein **Tierbild** zu gestalten!

Aufgabe:

☺ Entscheidet, welches Tier es sein soll
   (reale oder Phantasiefigur).

☺ Gestaltet es gemeinsam.

☺ Gebt dem Tier einen Namen
   (schreibt diesen dazu).

🕐 Zeit: ca. 10 min

✂ Material: Blatt A3 Tonkarton, Blatt A4 schwarzes Tonpapier, Leimstift,
   Bleistift

+ Tipp: Papier reißen und aufkleben!

Viel Spaß!

Standardsituation
Spielerische Problemlösung 2

Unser gemeinsames Bauwerk

Ihr seid beide bekannte Baumeister!

Nun erhaltet ihr den Auftrag, gemeinsam aus Papier einen
originellen **Turm** zu basteln!

Bedingungen:

☺ Die einzelnen Papierstücke, aus denen der Turm gefertigt wird,
dürfen nicht größer als **20 x 20** cm sein.

☺ Der Turm soll **hoch** und **stabil** sein, er muss die **Schere tragen**
können.

☺ Der Turm muss zwei Meter weit
getragen werden.

☺ Gebt dem Turm einen Namen
(schreibt diesen dazu).

🕐 Zeit: ca. 10 min

✂ Material: A3 Pappe, mehrere Blätter A4 Tonpapier, Leimstift, Schere, Lineal,
Bleistift

Viel Spaß!

Gefühls-Pantomime
„Rate mal, wie ich mich fühle"

Spielart

Verständigung über nonverbale Kommunikation

Ziel

Schulung von Wahrnehmung und Ausdruck über die nonverbale Interaktion sowie Spaß und Freude am gemeinsamen Darstellen und Erraten der Gefühle über Mimik und Gestik

Material

Zur Vorbereitung werden die Ratekärtchen (Arbeitsblatt 12a/EKST) kopiert, ausgeschnitten, zusammengefaltet und in eine Schachtel oder in ein Säckchen gelegt.

Zeit

ca. 10–15 min, je nach Darstellung

Spielanleitung

In diesem Spiel geht es darum, auf pantomimische Art und Weise – nur mit Blicken, Bewegungen, Gesichtsausdrücken, Körperhaltungen etc. – Gefühle zu zeigen. Abwechselnd wird ein Zettel gezogen und dem anderen Mitspieler gegenüber das Gefühl dargestellt. Dieser soll dann das Gefühl erraten.

+ Abwandlung:

Sollte die pantomimische Darstellung für die Spieler zu schwierig sein, dann können zusätzlich typische (Gefühls-)Situationen aus deren Alltag unterstützend erzählt werden, um das Erraten zu erleichtern.

Hinweise zur Durchführung

+ Wichtig:

Der Spieltrainer nimmt eine möglichst neutrale Beobachtungsposition ein. Es werden während der Interaktionssequenzen keine Kommentare abgegeben oder Rückfragen gestellt. Ergänzungen erfolgen lediglich bei Verständnisproblemen zum Spielablauf.

Auswertung

☺ War es sehr ungewöhnlich, sich nur über Körpersprache auszudrücken?

☺ Welches Gefühl war am einfachsten/welches am schwierigsten darzustellen?

☺ Welcher Gefühlsausdruck ist ein typisches Gefühl deines Mitspielers?

Gefühls-Pantomime
„Rate mal, wie ich mich fühle"

✂

DU FREUST DICH	DU BIST TRAURIG	DU BIST RATLOS	DU HAST ANGST
DU BIST ALBERN	DU BIST BOCKIG	DU BIST GE-NERVT	DU BIST WÜTEND
DU BIST NEUGIERIG	DU BIST VERLIEBT	DU BIST ÜBERRASCHT	DU BIST AUF ETWAS STOLZ
DU LANG-WEILST DICH	DU BIST STARK	DIR TUT ETWAS WEH	DU FINDEST ETWAS EKELIG
DU BIST BEGEISTERT	DU BIST FRÖHLICH	DU FÜHLST DICH COOL	DU BIST SCHÜCHTERN

Unser Familienwappen

Spielart

Kreatives Gestalten

Ziel

Auseinandersetzung mit der Familienbiographie, Kooperation und Verständigung, Kompromissfindung, gemeinsames Entwerfen und bildnerisches Gestalten

Material

Ein Blatt Papier (min. DIN A3), verschiedene Wachsmalstifte

Zeit

ca. 20–30 min

Spielanleitung

Zu früheren Zeiten besaßen insb. Königshäuser und Ritter zur Darstellung ihrer Herkunft ein Wappen. Dieses Wappen hatte symbolisch in Form von Zeichen, Tieren, Pflanzen etc. das TYPISCHE der Familie, des Hauses ausgedrückt.

Nun erhalten die Spielpartner die Aufgabe, gemeinsam ein Familienwappen zu malen. Die Spielpartner überlegen, was genau auf ihre Familie zutrifft, was typisch für ihre Familie ist, z. B. die Personen, die in der Familie leben, mit typischen Eigenschaften, auch Familienerlebnisse, Lieblingsessen, Tiere, Hobbys usw.

+ Zuerst gemeinsame Beratung, was für die Familie typisch ist!

+ Dann gemeinsam das Wappen malen!

+ Dem Wappen einen Titel hinzufügen und diesen über das Bild schreiben!

Hinweise zur Durchführung

+ Wichtig:

Der Spieltrainer nimmt eine möglichst neutrale Beobachtungsposition ein. Es werden während der Interaktionssequenzen keine Kommentare abgegeben oder Rückfragen gestellt. Ergänzungen erfolgen lediglich bei Verständnisproblemen zum Spielablauf.

Auswertung

☺ Wie ging es Ihnen (Eltern) und dir (Kind) mit dem Spiel?

☺ Was war einfach/was war schwierig?

☺ Wer hatte die besten Ideen?

☺ Konnte jemand seine Idee nicht verwirklichen und warum nicht?

☺ Gab es im Verlauf eher Einigkeit oder auch mal Uneinigkeiten?

☺ Seid ihr mit dem Ergebnis zufrieden oder …?

Quelle: Tilke &Wurz, 1998

Haus – Baum – Hund

Spielart

Nonverbales kreatives Gestalten

Ziel

Schulung von nonverbaler Kommunikation und Kooperation

Material

Ein Blatt weißes Papier (DIN A4), ein Bleistift

Zeit

ca. 3–5 min

Spielanleitung

Jetzt wird ein Spiel gespielt, in dem es verboten ist, miteinander zu sprechen! Man kann sich aber mit Blicken oder mit Zeigen verständigen. Die Mutter/der Vater setzt sich mit dem Kind an einem Tisch gegenüber.

+ Sie fassen nun gemeinsam den Stift an und zeichnen zusammen ein Bild, welches ein Haus, einen Baum und einen Hund zeigt. Dabei darf keiner den Stift loslassen!

+ Sie geben ihrem Bild einen Titel, ohne miteinander zu sprechen! Und sie schreiben diesen auf das Blatt.

Hinweise zur Durchführung

+ Wichtig:

Der Spieltrainer nimmt eine möglichst neutrale Beobachtungsposition ein. Es werden während der Interaktionssequenzen keine Kommentare abgegeben oder Rückfragen gestellt. Ergänzungen erfolgen lediglich bei Verständnisproblemen zum Spielablauf.

Auswertung

☺ Wie ging es Ihnen (Eltern) und dir (Kind) mit dem Spiel?

☺ Was war einfach/was war schwierig?

☺ Wer hatte während des Spielens die Führung übernommen?

☺ Wie erfolgte die Verständigung miteinander?

☺ Wart ihr euch eher einig/uneinig?

☺ Gibt es Ähnlichkeiten im Alltag?

Quelle: Tilke &Wurz, 1998

Gesichter würfeln oder
Wer ist am besten gelaunt?

Spielart

Würfelspiel (Regelspiel)

Ziel

Einhaltung der Spielregel beim gemeinsamen Spielen bzw. Entwicklung von neuen Spielvarianten/-ideen mit den Würfeln

Material

Sechs Mimürfel in einem Becher (aus dem Fachhandel), Stift und Zettel

Zeit

Variabel

Spielanleitung

Der Mitspieler, der am Ende der vereinbarten Spiele die höchste Punktzahl hat, ist der Sieger. Gewürfelt wird abwechselnd mit allen sechs Würfeln, die Plus- und Minuspunkte enthalten. Die gewürfelten Gesichter haben alle einen besonderen Punktwert. Es gilt, die höchste Anzahl an Punkten zu sammeln, wobei in einer Runde max. dreimal gewürfelt werden darf. Dabei muss mindestens ein Würfel ausgelegt werden. Beim dritten Mal gelten alle gewürfelten und ausgelegten Augen der Würfel.

„Der Strahlemann" ist sehr gut drauf	= 10 Punkte
„Der Optimist" ist gut dabei	= 5 Punkte
„Der Unentschiedene"	= 0 Punkte
„Der Erstaunte"	= noch einmal würfeln
„Der Pessimist" ist schlecht drauf	= –1 Punkt
„Der Zornige" ist sehr wütend	= –5 Punkte

+ Abwandlung:

Jeder Spieler darf (aber muss nicht) dreimal würfeln, um die größte Anzahl an „Strahlemann-Gesichter" zu sammeln. Strahlemann-Gesichter werden herausgelegt. Aber alle Würfel, die beim dritten Wurf liegen, müssen gezählt werden. Unter Umständen kann dies auch Minuspunkte bedeuten.

Auswertung

☺ Hat der Sieger wirklich immer die beste Laune?

Quelle: Vonau (2005), selbst entwickelt

Gesichter würfeln oder
Wer ist am besten gelaunt?
(Auswertungsbogen)

Name/ Spiel						
1						
2						
3						
4						
5						
6						
7						
8						
9						
10						
Summe						

Laus würfeln

Spielart

Würfelspiel (Regelspiel), Wettkampfsituation

Ziel

Einhaltung der Spielregel beim gemeinsamen Spielen

Material

Ein Würfel, zwei Bleistifte, zwei kleine Blätter

Zeit

ca. 5 min

Spielanleitung

In diesem Spiel geht es darum, eine Laus zu würfeln. Wer zuerst seine Laus fertig auf dem Papier gemalt hat, der ist Sieger. Es wird abwechselnd einmal gewürfelt. Beginnen darf der Spieler mit der höchsten Zahl.

Die Laus soll in der Reihenfolge der Zahlen 1 bis 6 gewürfelt werden:

1 = Körper
2 = Kopf
3 = Schwanz
4 = drei Beine auf der rechten Seite
5 = drei Beine auf der linken Seite
6 = zwei Fühler

+ Abwandlung:

Variation Haus: Wird eine 1 oder 6 gewürfelt, kann jeweils ein Strich am Haus ergänzt werden.

+ Zusatz: Verlierer müssen einen Pfand abgeben, das später eingelöst wird.

Hinweise zur Durchführung

Neutrale Beobachtung durch den Spieltrainer

Auswertung

☺   Wie ging es Ihnen (Eltern) und dir (Kind) mit dem Spiel?

Quelle: Würfel-Spielesammlung von Schmidt Spiele

Mein Steckbrief*

Spielart

Beziehungsspiel

Ziel

Sensibilisierung und Empathieförderung gegenüber dem Kind
Förderung der gemeinsamen Kommunikation

Material

Vorlagen zum Steckbrief für Kind und Elternteil (im Anhang), Schreibstifte

Zeit

ca. 20 min

Spielanleitung

Sicher kennen die Mitspieler aus Westernfilmen sogenannte Steckbriefe. Darin sind typische Merkmale von der gesuchten Person angegeben. Dieser Steckbrief soll helfen, eine Person ausfindig zu machen. Jetzt soll solch ein Steckbrief geschrieben werden.

+ Zum Kind: „Den Steckbrief über dich füllst du selbst aus!"
+ Zum Elternteil: „Füllen Sie ebenfalls einen Steckbrief für Ihr Kind aus!"
Dabei sollen möglichst typische Angaben über das Kind gemacht werden.
Dazu haben die Spielpartner ungefähr 10 min Zeit. Jeder arbeitet für sich allein.
Anschließend werden die beiden Steckbriefe miteinander verglichen.

Hinweise zur Durchführung

Der Spieltrainer leitet die Auswertung des Steckbriefes an, indem abwechselnd die Angaben von Kind und Mutter/Vater vorgelesen und Gemeinsamkeiten sowie Unterschiede verglichen und besprochen werden.

Auswertung

☺ Was war einfach/was war schwierig in der Bearbeitung des Steckbriefes?

☺ Gab es etwas, was völlig neu und bisher unbekannt war?

Quelle: Vonau (2005), selbst entwickelt
* Vorlage im Anhang

„Ich fühle mich ..."*

Spielart

Beziehungsspiel mit Hilfe der Satzergänzung

Ziel

Sensibilisierung und Empathieförderung gegenüber dem Kind in Bezug auf seine Gefühle und Impulse

Förderung des gemeinsamen Austausches miteinander

Material

Vorlagen zur Satzergänzung für Kind und Elternteil (im Anhang), Schreibstifte

Zeit

ca. 20 min

Spielanleitung

Dieses Spiel entspricht dem Prinzip der Satzergänzung. Impuls gebend sind Satzanfänge, die dazu auffordern, sich gefühlsmäßig zur Beziehung zum Mitspieler zu äußern. Beide Mitspieler vervollständigen die Sätze: die Mutter/der Vater gegenüber dem Kind, das Kind schreibt seine Gefühle selbst auf. Jeder arbeitet für sich allein. Danach werden die Sätze abwechselnd vorgelesen.

+ Spielerweiterung: Bevor die Antwort des Mitspielers verlesen wird, soll der andere erraten, was die Mutter/der Vater bzw. das Kind geschrieben haben könnte.

Hinweise zur Durchführung

Der Spieltrainer leitet die Auswertung des Spieles, indem abwechselnd die Angaben von Kind und Mutter/Vater vorgelesen und Gemeinsamkeiten sowie Unterschiede verglichen und besprochen werden.

Auswertung

☺ Was war einfach/was war schwierig in der Bearbeitung des Gefühlsblattes?

☺ Gab es etwas, was völlig neu und bisher unbekannt war?

☺ Wie viele Übereinstimmungen gab es?

Quelle: Vonau (2005), selbst entwickelt
* Vorlage im Anhang

Schwindel-Max

Spielart

Würfelspiel und Kommunikationsspiel für mindestens zwei Spieler

Ziel

Freude am gemeinsamen Spiel und Wahrnehmungsschulung

Material

Becher, zwei Würfel, Bierdeckel oder Pappunterlage zum Würfeln, Streichhölzer/Stäbchen als Pfand

Zeit

Entsprechend der Spielfreude

Spielanleitung

Es wird so gewürfelt, dass Bierdeckel/Stück Pappe als Würfelunterlage dient und dieser/diese in Augenhöhe gehalten wird. Ohne dass es der/die Mitspieler sehen, schaut sich der Spieler die gewürfelte Augenzahl an und gibt es dem Mitspieler/den anderen bekannt. Dabei kann er die Wahrheit sagen oder lügen (z. B. eine höhere Zahl ausdenken). Das Prinzip des Spiels ist es immer, eine höhere Zahl zu erzielen, was irgendwann nicht mehr möglich ist. Der Mitspieler kann annehmen, muss dann aber eine höhere Zahl würfeln. Oder er kann darum bitten, dass aufgedeckt wird. Je nach der Augenzahl muss der Verlierer ein Stäbchen abgeben.

Mögliche Augenzahlen der zwei Würfel in aufsteigender Folge sind:

3-1=31　　<　　3-2=32　　<　　4-1=41　　<　　4-2=42　　<　　4-3=43 <

5-1=51　　<　　5-2=52　　<　　5-3=53　　<　　5-4=54　　<　　6-1=61 <

6-2=62　　<　　6-3=63　　<　　6-4=64　　<　　6-5=65　　<　　danach Pasch

1-1 = Einer-Pasch <

　　2-2 = Zweier-Pasch <

　　　　3-3 = Dreier-Pasch <

　　　　4-4 = Vierer-Pasch <

　　　　　　5-5 = Fünfer-Pasch <

　　　　　　　　6-6 = Sechser-Pasch < danach nur noch

MAX = 2-1

(21 ist die höchste Augenzahl; wird diese gewürfelt, muss sofort aufgedeckt werden, alle anderen Mitspieler müssen ein Stäbchen abgeben.)

Hinweise zur Durchführung

+ Wichtig:
Das Spiel genau erklären und evtl. in den ersten Spielen zum besseren Verständnis mitspielen.

Auswertung

☺ Wie war das Gefühl zu lügen?

☺ Woran hat der Mitspieler erkannt, dass der andere gelogen hat?

☺ Gibt es im Alltag auch Situationen, in denen gelogen wird, und wie wird damit umgegangen?

Quelle: volkstümlich übertragen

Blind geführt werden*

Spielart

Vertrauensspiel

Ziel

Verbale und nonverbale Interaktion und Kommunikation fördern

Nähe und Körperkontakt zwischen Kind und Elternteil intensivieren

Vertrauen und Sicherheit in den anderen entwickeln

Material

Vorbereitete Arbeitsblätter (Anlage) mit einem aufgemalten Weg, Stifte, Tuch zum Verbinden der Augen, zur Erweiterung Seile, Möbel

Zeit

Auf dem Blatt ca. 3–7 min

Hindernisparcours mit Legen von Seilen und Einbezug von Gegenständen im Raum mindestens 20 min

Spielanleitung

Mit verbaler und/oder nonverbaler Hilfe soll dem „blinden" Spielpartner geholfen werden, den eingezeichneten Weg auf dem Blatt mit dem Stift zu finden, ohne über den Rand zu malen. Danach wird gewechselt, so dass jeder Mitspieler einmal in die Position des Geleiteten und des Anweisenden kommt.

Erweiterung: Zeit stoppen, um den Wettbewerbscharakter zu fördern.

+ Abwandlung: mit Seilen und Möbeln wird im Raum ein Hindernisparcours gelegt, wodurch abwechselnd mit verbundenen Augen der Spielpartner geführt wird (mit Anfassen oder nur durch verbale Anleitung).

Hinweise zur Durchführung

+ Wichtig:

Die Mitspieler sitzen beim Nachzeichnen am Tisch. Kleinere Kinder sitzen gern auf dem Schoß des Elternteils.

Der Spieltrainer nimmt eine möglichst neutrale Beobachtungsposition ein.

* Vorlage im Anhang

Auswertung

☺   Wie war das Gefühl, vom anderen geführt zu werden: Sicher? Unsicher?

☺   War die Anleitung schwierig, gab es Verständigungsschwierigkeiten?

☺   Gibt es im Alltag manchmal Verständigungsschwierigkeiten?

Quelle: Vonau (2005), selbst entwickelt

Angelspiel:
Wer fragt, der wagt

Spielart und Ziel

Frage- und Antwortspiel zur Förderung der Kommunikation und zum Austausch über Gedanken und Gefühle

Material

Eltern-Kind-Therapie-Spiel: Wer fragt, der wagt (von Vonau, 2010)

Zeit

Individuell gestaltbar

Spielanleitung

Abwechselnd werden die Fragekärtchen geangelt. Die gezogene Karte wird laut vorgelesen und vom Mitspieler beantwortet.

Das Spiel enthält Fragen:

◇ zur Person, z. B. „Was ist dir peinlich?"

◇ zur Eltern-Kind-Beziehung, z. B. „Worüber würde sich dein Mitspieler sehr freuen?"

◇ Elternfragekarte, z. B. „Worin erkennen Sie sich in Ihrem Kind wieder?"

◇ Kindfragekarte, z. B. „Warst du schon einmal eifersüchtig auf deine Geschwister?"

◇ Handlungskarte, z. B. „Mache fünf Liegestütze!"

Hinweise zur Durchführung

Der Spieltrainer nimmt eine möglichst neutrale Beobachtungsposition ein.

Auswertung

☺ Wurden über das Spiel neue Erfahrungen über den anderen gemacht?

Wenn ja, welche?

Quelle: Vonau (2005), selbst entwickelt

ICH + DU = WIR
Zusammen Körperumrisse malen

Spielart

Kreatives Gestalten

Ziel

Auseinandersetzung mit der eigenen Person und der Bezugsperson, um Eigenschaften, Interessen, Gemeinsamkeiten und Unterschiede herauszuarbeiten Gespräch und Austausch sowie gemeinsame kreative Umsetzung, Körperkontakt

Material

Ein menschengroßer Bogen Packpapier zum Malen, Wachsstifte, Filzstifte

Zeit

ca. 20–30 min

Spielanleitung

Der Papierbogen wird auf den Fußboden ausgebreitet. Ein Spielpartner legt sich darauf. Der andere umrandet den Körperumriss. Danach wird gewechselt. Die Umrisse von Kind und Mutter/Vater sollten übereinander gezeichnet werden, um Verbundenheit, Nähe und Gemeinsamkeiten besser darstellen zu können.

Nun erhalten die Spielpartner die Aufgabe, was genau auf die jeweilige Person zutrifft, z. B. für jeden typische Eigenschaften, Stärken/Ressourcen, Interessen, Hobbys usw. zu finden und in die gemalten Körperumrisse hineinzuschreiben.

+ Augen, Haare, Fingernägel und Kleidungsstücken sollten angedeutet werden, was für das Kind eine spielerische Note hineinbringt.

+ Gemeinsamkeiten können z. B. farbgleich beschriftet werden.

Hinweise zur Durchführung

+ Wichtig: Der Spieltrainer nimmt eine möglichst neutrale Beobachtungsposition ein. Es werden während der Interaktionssequenzen keine Kommentare abgegeben oder Rückfragen gestellt. Ergänzungen erfolgen lediglich bei Verständnisproblemen zum Spielablauf.

Auswertung

☺ Gibt es mehr Unterschiede oder Gemeinsamkeiten?

☺ Sind die Spielpartner mit dem Ergebnis zufrieden oder …?

Weitere Spiele

Die Konzeption des Eltern-Kind-Spiel-Trainings hat den Vorteil, dass je nach Bedarf und Verfügbarkeit weitere Spiele und Spielideen Anwendung finden können. Ein Großteil der Spiele kann über den Fachhandel erworben werden. Aber es gibt auch viele einfache Spielideen, die mit wenig Aufwand und ohne zusätzliches Material eingesetzt werden können. Um die einfache Übertragbarkeit in den Alltag zu fördern, sollen gerade diese Spielideen an die Familien herangetragen werden. Neben der Freude am gemeinsamen Spielen sollten dabei immer der Beziehungsaspekt und die Förderung des gemeinsamen Interagierens und Kommunizierens bedeutsam sein.

Die Spielintentionen orientierten sich darauf, dass:
✧ die gemeinsame Spieltätigkeit zwischen Elternteil und Kind intensiviert wird,
✧ die gemeinsame Beschäftigung Spaß bereitet und Freude macht,
✧ ein gegenseitiger Austausch über Gedanken, Bedürfnisse und Gefühle erfolgt, um den anderen besser kennen zu lernen,
✧ sie die Eltern zum Nachdenken über die Eltern-Kind-Beziehung anregen,
✧ sie die Entwicklung von Empathie für den anderen fördern,
✧ sie die Wahrnehmung, z. B. genaues Beobachten, Zuhören schulen,
✧ sie Nähe zum Kind/zum Elternteil, z. B. über Körperkontakt, ermöglichen.
(Vonau, 2005, S. 240)

Den Einsatz und die Vorgabe der Spielarrangements muss der Trainer ganz an den familiären Bedingungen und den Fähigkeiten der Teilnehmer orientieren. Dies bedarf einer feinfühligen Beobachtung der Kinder und Eltern. Nachfolgend werden einige Beispiele für Spiele und Spielideen aufgezählt, die im EKST zusätzlich eingesetzt werden können:

☺ Kartenspiele (UNO*, SKIPBO*, MAU-MAU* usw.)
☺ Würfelspiele (MENSCH ÄRGERE DICH NICHT*, HALMA*, KNIFFEL* usw.)
☺ TRIDOMINO*
☺ MIKADO*
☺ TANGRAM*
☺ TABU*
☺ WAS WÄRE WENN*
☺ Jegliche Frage- und Antwortspiele
☺ Einfache Zaubertricks aus dem Zauberkasten
☺ Einfache Rätsel aus einer Rätselbox ziehen und vorlesen
☺ Versteckte Spielanleitung im Raum → durch Klatschen die Suche unterstützen oder heiß & kalt rufen
☺ Gemeinsam ein MANDALA* ausmalen

☺ Entspannung mit Massageball

☺ TELEFAX → Malen von Buchstaben oder Figuren etc. auf den Rücken

☺ HIMMEL & HÖLLE → gemeinsames Papierfalten und etwas hineinschreiben

☺ Therapeutische Spiele, mit einer Vorauswahl der Fragekärtchen, z. B. das REDEN-FÜHLEN-HANDELN-SPIEL* (Manfred Vogt Verlag)

☺ Ursula Reichling (1994), Spiel: „HALLO, WIE GEHT ES DIR?" Gefühle ausdrücken lernen* (Verlag an der Ruhr)

☺ Punkte verbinden → auf einem DIN-A4-Blatt werden Punkte gemalt, diese werden abwechselnd evtl. mit verschiedenen Farbstiften verbunden und am Ende kann der Phantasie entsprechend eine Figur entstehen, welche noch ausgemalt wird oder bei der noch weitere Formen herausgestellt werden.

Alle Spiele mit einem * sind frei über den Handel erhältlich.

Eltern-Kind-Spiel-Stundenplan

Woche	Spielstunden	MO	DI	MI	DO	FR	SA
Woche vom:	Vorbereitungsgespräch am:						
Woche vom:	Vorbereitungsgespräch am:						
1. Woche vom:	2 Spielstunden am: Uhrzeit:						
2. Woche vom:	2 Spielstunden am: Uhrzeit:						
3. Woche vom:	2 Spielstunden am: Uhrzeit:						
4. Woche vom:	1 Spielstunde am: Uhrzeit:						
5. Woche vom:	1 Spielstunde am: Uhrzeit:						
6. Woche vom:	1 Spielstunde am: Uhrzeit:						
7. Woche vom:	Abschlussstunde am: Uhrzeit:						

Welch tolle Spielideen

📌 Steckbrief von

👁 Augenfarbe: _____

🧍 Haarfarbe: _____

🍽 Lieblingsessen: _____

🍸 Lieblingsgetränk: _____

🎧 Lieblingsmusik (-gruppe): _____ 🎵

👍 Liebste Freizeitbeschäftigungen: _____

_____

🐕 Lieblingstier: _____

🧍 Bester Freund/beste Freundin: _____

🗣 Nenne fünf typische Eigenschaften von dir! Ich bin: _____

_____

Nun stell dir vor, du wärst verzaubert

🎭 in eine Märchen- oder Filmfigur, welche Figur wärst du gern?

_____

🐈 In ein Tier, welches Tier wärst du gern?

_____ 🙂

📌 Steckbrief von

👁 Augenfarbe: _____

🧍 Haarfarbe: _____

🍽 Lieblingsessen: _____

🍸 Lieblingsgetränk: _____

🎧 Lieblingsmusik (-gruppe): _____ 🎵

👍 Liebste Freizeitbeschäftigungen: _____

_____

🐕 Lieblingstier: _____

🧍 Bester Freund/beste Freundin: _____

🗣 Nennen Sie fünf typische Eigenschaften von Ihrem Kind! _____

_____

Nun stellen Sie sich vor, Ihr Kind wäre verzaubert

🎭 in eine Märchen- oder Filmfigur, welche Figur wäre es?

_____

🐈 In ein Tier, welches Tier wäre es?

😊

_____

Ich fühle mich

Ich fühle mich glücklich, wenn meine Mama _____

_____

Ich bin traurig, wenn meine Mama _____

_____

_____

Ich kann bockig sein, wenn meine Mama _____

_____

Ich bin stolz auf meine Mama _____

_____

Ich bin wütend, wenn meine Mama _____

_____

Meine Mama hat gern, wenn ich _____

_____

Ich fühle mich glücklich, wenn mein Papa _____

_____

Ich bin traurig, wenn mein Papa_____

_____

_____

Ich kann bockig sein, wenn mein Papa _____

_____

Ich bin stolz auf mein Papa_____

_____

Ich bin wütend, wenn mein Papa _____

_____

Mein Papa hat gern, wenn ich _____

_____

Mein Kind und ich

Ich bin stolz auf mein Kind _____

_____

Ich bin glücklich, wenn mein Kind _____

_____

Ich kann „aus der Haut fahren", wenn mein Kind _____

_____

Es macht mich traurig, wenn mein Kind _____

_____

_____

Ich bin begeistert von meinem Kind _____

_____

_____

Am liebsten mag mein Kind, wenn _____

_____

_____

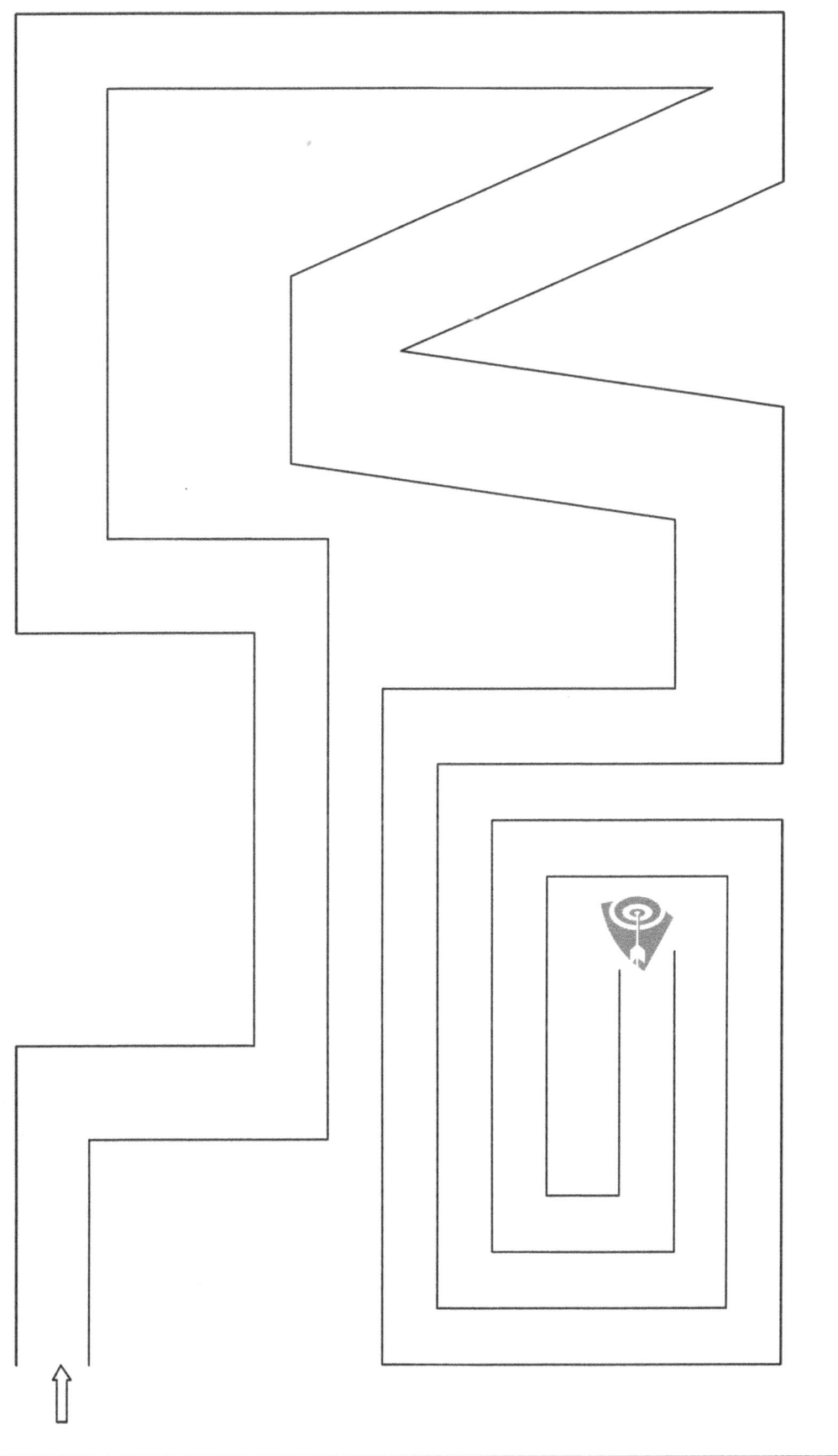

✍ „Ich fand die Spielstunde mit dir   ☺   ☺   ☹

weil _____ "

✍ „Ich gebe der Spielstunde die Zensur: _____,

weil _____ "

✍ „Die Spielstunde mit dir ist _____.

_____ "

✍ **Unsere gemeinsamen Spielhausaufgaben:**

Vereinbarung zwischen: _____ und _____

Bis zur nächsten Spielstunde wird das Spiel: _____

_____ -Mal miteinander gespielt.

Am: _____ in der Zeit von: _____ bis _____

Wer hat mitgespielt: _____

Was wurde gespielt: _____

Am: _____ in der Zeit von: _____ bis _____

Wer hat mitgespielt: _____

Was wurde gespielt: _____

Sonstiges: _____ ☺

Elternfragebogen
zur Bewertung des EKST

Name des Kindes: _____ Alter: _____ Jahre

Zeitraum des EKST: von _____ bis _____ Datum: _____

Bitte schildern Sie Ihre Eindrücke von den gemeinsamen Spielstunden mit Ihrem Kind.

Bewerten Sie folgende Aussagen:	Ja, stimmt ganz genau	Ja, stimmt eher	Unent- schieden, weder noch	Nein, stimmt eher nicht	Nein, stimmt über- haupt nicht
Das Eltern-Kind-Spiel-Training hat mir sehr gut gefallen.					
Die Spielstunden haben meinem Kind sehr gut gefallen.					
Ich habe die gemeinsame Spielzeit mit meinem Kind genossen, weil ...					
Ich konnte neue Seiten an meinem Kind entde- cken, z. B. …					
Ich kann mich nun besser in die Gefühle und Gedanken meines Kindes hineinversetzen.					
Ich konnte neue Einsichten für den Umgang mit meinem Kind erlangen, z. B. …					
Durch das EKST habe ich mein Verhalten verän- dert, was sich positiv auf die Beziehung zu mei- nem Kind auswirkt, z. B. …					
Die Verhaltensauffälligkeiten/das Problemver- halten meines Kindes hat sich reduziert, z. B. …					
Unser Alltag ist konfliktfreier geworden, z. B. …					
Ich fühle mich für die Zukunft mit meinem Kind gestärkt.					

Was mir sonst noch wichtig ist:_____
_____

Angelspiel: Wer fragt, der wagt

Bestellung möglich über

Dr. phil. Allyn Vonau
✉ Nonnenstr. 11 c
   04229 Leipzig
☎ 0341/926 11 11
💻 allynvonau@web.de

Bestellschein

✂

Hiermit bestelle ich

_____ Exemplar(e): Angelspiel **„Wer fragt, der wagt"** das Eltern-Kind-Therapie-Spiel zum Einzelpreis von **68,90 Euro** zzgl. Versandkosten.

Institution: _____

Name: _____

Straße/Nr.: _____

PLZ/Ort: _____

Tel.: (für Rückfragen) _____ E-Mail: _____

Stempel:

Datum: _____ Unterschrift: _____